KB189917

누구나 깨달을 수 있다

누구나 깨달을 수 있다

| 초판 1쇄 인쇄 | 2015년 3월 4일 |
| 초판 1쇄 발행 | 2015년 3월 11일 |

지은이   김 종 홍
펴낸이   김 종 홍
펴낸곳   진여문

출판등록   2015. 1. 14(제 331-2015-000001 호)
주소   부산광역시 남구 자성로, 1520호(문현동, 한일오피스텔)
전화번호   0505-300-8482   팩스   0505-300-8481
ISBN   979-11-954582-0-2   03220

이 도서의 국립중앙도서관 출판예정도서목록(CIP)은 서지정보유통지원시스템 홈페이지(http://seoji.nl.go.kr)와
국가자료공동목록시스템(http://www.nl.go.kr/kolisnet)에서 이용하실 수 있습니다.
(CIP제어번호 : CIP2015006977)

세 계 평 화 와 인 류 의 행 복 을 위 하 여

누구나 깨달을 수 있다!

벽공 김종흥 지음

자신도 깨달을 수 있다는 확신을 갖고 도전하는 사람은 누구나 깨어날 수 있다. 무엇 때문인가? 누구나 이미 깨달아 있기 때문이다. 이미 깨달아 있는 자신을 알아차리기만 하면 되는데, 그것이 무엇이 어렵다는 말인가?

진여문

● 서 문

"누구나 깨달을 수 있다고요? 에이, 설마……? 그 많은 스님들이 산속에서 수십 년 동안 수행해도 깨닫기가 힘든데, 저 같은 것이 어떻게 감히 깨달을 수 있겠어요? 가능하지 않은 일은 애초에 시도하지 않는 것이 현명하지 않을까요?"

누구나 깨달을 수 있다고 말하면 누구도 믿으려 하지 않는다. 그것 참 이상한 일이다.

깨달음이란 무엇인가? 쉽게 말하면, 진짜 자기가 무엇인지 아는 것이다. 자기가 자기를 아는 것이 당연한 일이지, 무엇이 불가능하고 어렵다는 말인가?

이제까지 늘 자기로 살아왔으면서도 자기를 모르고 산다는 것이 오히려 이상한 일이 아닌가? 그런데도 대다수의 사람들이 자기를 모르고 사는 것이 오히려 당연시되고 자기를 알려고 노력하는 것 자체가 터부시되는 이상한 세상에 살고 있다.

마치 거의 모든 사람들이 집단 최면에 걸려있는 것 같다. 그래서 깨달음은 불가능하다는 집단 암시에 빠져 눈을 뜨고 꾸는 꿈에서 깨어나려는 시도조차 하지 않는 채 살고 있다.

사람들이 현실이라고 믿고 있는 세상이 사실은 개념과 생각으로 이루어진 매트릭스와 같다. 이 매트릭스는 너무도 리얼하게 느껴져서 사람들은 그것이 가상의 세상인 줄은 전혀 의심하지 못하고 살고 있을 뿐이다.

그래서 사람들을 깨우기 위해 우선 필요한 것은 깨달음은 불가능하다는 집단 암시에서 풀려나게 하는 것이다. 깨달음이 불가능하다고 믿는 사람은 결코 깨어날 수 없다. 그러므로 우선 깨달음은 누구나 관심만 가지면 가능하다는 사실을 믿어야만 한다.

자신도 깨달을 수 있다는 확신을 갖고 도전하는 사람은 누구나 깨어날 수 있다. 무엇 때문인가? 우리 모두는 이미 깨달아 있기 때문이다. 이미 깨달아 있는 자신을 알아차리기만 하면 되는데, 그것이 무엇이 어렵다는 말인가?

그러므로 '나도 이제 꿈에서 깨어나야겠다!'고 발심한 순간 그대는 이미 깨달음에 발을 디디고 있는 것이다.

『깨달음, 이것이다!』, 『깨달음 혁명』에 이어지는 세 번째 책인『누구나 깨달을 수 있다』는 자꾸만 집단 최면 속으로 되돌아가려는 그대를 계속해서 흔들어 깨울 것이다. 한 번으로 부족하면 두 번, 세 번, 잇달아 그대가 깨어날 때까지 죽비를 내리칠 것이다.

"탁!"

졸리는 눈을 부비며 "이대로 사는 것도 나쁘지 않은데, 왜 굳이 깨어나야만 하죠?"라고 그대가 묻는다면 이렇게 대답할 것이다.

"세계 평화와 인류의 행복을 위하여!"

2015년 봄

● 차 례

제1부
생각을 넘어서라

제2부
나는 누구인가

제3부
견성은 공부의 시작이다

제4부
삶의 흐름에 내맡겨라

제5부
부처는 아무것도 아니다

제6부
개벽을 위하여

제1부

생각을 넘어서라

생각은 생각이다

생각이 없으면, 두려움도 없다.
생각이 없으면, 불안도 없다.
생각이 없으면, 슬픔도 없다.
생각이 없으면, 우울도 없다.
생각이 없으면, 절망도 없다.
생각이 없으면, 고통도 없다.

그대가 생각을 의심 없이 믿을 때
생각이 '내'가 된다.
주인 없이 떠오르는 생각이 '내 생각'이 된다.

생각이 '내'가 되고 '내 것'이 될 때
그대는 생각이 만드는 꿈속으로 들어가 고통 받게 된다.

일어나는 생각을 없애려고 하지 말고
집착하지도, 믿지도 말라.

푸른 하늘에 떠도는 흰 구름처럼
한가롭게, 무관심하게 바라보라.

그러면 생각은 오래지 않아 사라진다.

생각이 생각임을 알 때
생각이 '내 것'이 되지 않으며
고통 또한 없다.

그때 그대는
생각을 지켜보는
텅 빈 하늘과 같은 공간이다.

그대는
집착과 번뇌, 두려움으로부터 벗어나
편히 쉴 수 있게 된다.

어떻게 살아야 합니까

방문자: 내가 정말 아무것도 아니고, 또 내가 주체적으로 삶을 살아가
는 것도 아니라면 앞으로 어떻게 살아가야 합니까?

벽　공: 지금 그 질문을 누가 하고 있습니까?

방문자: 내가 하고 있습니다.

벽　공: 지금 말하고 있는 그 '내'가 누구입니까? 여전히 삶을 살아가
는 주체로서의 '나'의 입장에서 말하고 있지 않습니까? 삶을 살
아가는 주체로서의 '나'를 상정하기 때문에 "어떻게 살아야 합
니까?"라는 질문이 나오는 것입니다.

방문자: 그렇긴 합니다만……. 그렇다면 아무렇게나 내키는 대로 살아
도 된다는 말입니까?

벽　공: 삶은 저절로 살아집니다. 당신이 삶을 살고 있는 것이 아니라
삶이 당신을 살고 있다는 것이 맞는 말입니다. 당신이 지금 묻
고 있는 질문들은 모두 '내가 삶을 산다.'고 생각하기 때문에
나오는 질문들입니다.

방문자: 그렇다면 어떻게 하라는 말씀이십니까?

벽　공: 어떻게 할 것은 없습니다. 숨이 저절로 쉬어지고, 걸음이 저절로 걸어지듯 삶은 저절로 당신 앞에 펼쳐지고 있습니다. 그러나 당신은 '내가 삶을 산다.'는 생각과 동일시되어 그것을 사실로 착각하고 있을 뿐입니다. 당신이 '내가 삶을 산다.'는 생각을 진실이라고 믿을 때, 당신은 어떻게 살아야 할 것인가 고민하게 되고, 이러저러한 계획을 세우고 그것을 실행하려 합니다. 그렇지만 지금까지 당신이 계획하고 마음먹은 대로 일들이 모두 이루어지던가요?

방문자: 물론 그건 아닙니다. 마음먹은 대로 된 적도 있지만 대부분은 그렇지 못했습니다.

벽　공: 그렇다면 당신이 삶을 살아가고 있는 것이 아니지 않나요? 만약 당신이 삶을 살고 있는 것이 옳다면, 당신이 의도한 대로 일들이 이루어져야만 하지 않나요?

방문자: ……. 하긴 그렇습니다.

벽　공: 일어날 일들은 저절로 일어납니다. 일어나는 일들은 조건과 조건들이 만나서 연기적으로 일어나기 때문입니다. 그렇지만 당신은 생각 속에서 자신이 삶을 살아가는 주체라고 설정하고 일어나는 일들을 임의로 조절하고 통제하려 합니다.

하지만 당신의 이러한 시도는 단지 당신의 상상과 생각일 뿐입니다. 따라서 당신의 시도는 끝내 실패할 수밖에 없습니다. 살아가면서 겪는 모든 스트레스와 고통은 이 때문에 생깁니다. 저절로 일어나는 삶의 흐름에 생각으로 저항하기 때문이죠.

방문자: 하지만 몇몇 경우는 제가 의도한 대로 이루어진 경우도 있는데, 이것 또한 제가 노력해서 이룬 것이 아니란 말입니까?

벽　공: 의도한다는 것은 무엇입니까? 생각대로 따라했다는 것 아닙니까? 생각 또한 저절로 일어납니다. 그러나 당신은 저절로 일어나는 생각대로 행한 것인데도 '내가 생각한다.'고 생각하기 때문에 '나의 의도에 따라 이루어진 것이다.'라고 착각합니다.

주체적으로 삶을 살아가는 당신은 존재하지 않습니다.

삶을 살아가는 당신은 생각이 만들어낸 환영幻影이기 때문입니다. 삶을 살아가는 주체가 없기 때문에 '어떻게 살아야 하나?' 하는 것 또한 쓸데없는 기우에 지나지 않습니다. 살아지는 대로 그냥 살아가면, 우주를 창조한 근원적인 지혜가 당신을 행복으로 인도할 것입니다.

누가 그대를 묶고 있는가

해외 토픽을 소개하는 텔레비전 프로에 재미있는 동영상이 나왔다.

강아지 한 마리가 거실 안에서 밖으로 나오지 못하고 낑낑대고 있다. 현관문은 열려있고 집 바깥에서 주인이 밖으로 나오라고 강아지를 부르지만 강아지는 거실 안을 서성이기만 한다.

나중에 보니 강아지는 거실 입구에 투명한 유리문이 닫혀있는 줄 알고 있었던 것이다. 실제로는 유리로 된 현관문은 열려있어 가로막고 있는 것은 아무것도 없지만, 강아지는 유리문이 닫혀있기 때문에 나갈 수 없다고 착각하고 밖으로 나갈 시도를 못하는 것이었다.

강아지가 처해 있는 상황을 눈치 챈 주인이 현관문으로 다가가서 강아지에게 없는 유리문을 여는 것 같은 시늉을 해보였다. 그러자 강아지는 닫혀있지도 않은 문이 열린 줄 알고 주저 없이 곧바로 주인을 향해 집 밖으로 달려 나왔다.

강아지는 현관문이 열려있으나 닫혀있다고 알았기 때문에 밖으로 나갈 엄두조차 내지 못했다. 강아지의 잘못된 앎이 스스로를 가둔 것이다.

그대 또한 강아지와 마찬가지다.
그대는 자신이 묶여있어서 자유롭지 못하다고 느끼는가?
앎이, 믿음이 그대를 지배한다.
강아지와 마찬가지로 그대 또한 스스로 묶여있다고 착각하고 있다.
누가 그대를 묶고 있는가?

그대 자신에 대한 잘못된 앎과 믿음이 그대를 묶고 있다.
자신의 진정한 정체에 대한 그릇된 앎과 믿음 때문에 그대는 고통받고 있다.

그대 자신을 있는 그대로 바로 보라.
생각이 빚어내는 환영에 속지 말라.

누구도 그대를 묶을 수 없다.
그대 자신 이외는 그 무엇도 그대를 묶을 수가 없다.

그대는 본래부터 무한히 자유로운 존재이기 때문이다.

마음공부란

우리 모두
하나의 전일숲—한 마음일 뿐이지만
모든 것을 그려내고 만드는
마음 자체를 알지 못하면
마음이 그려내는 그림에 속게 된다.

마음이 마음을 모르는 것이 미혹迷惑이며
미혹 속에 있을 때는
마음이 그려내는 그림을
실제로 알기 때문에 고통 받는다.

꿈을 꾸면서
꿈꾸는 자를 알지 못하면
꿈이 악몽으로 변할 때
악몽으로 인해 고통 받듯이.

그러므로 그대가
마음이 지어내는 환영幻影에서 자유롭기 위해서는
무엇보다도 먼저

마음의 실체를 정확하게 알아야만 한다.

마음이 마음을 알아가는 과정은
그대가 그대 자신을 알아가는 과정이며
그것이 바로 마음공부다.

그대가 그대 자신을 바로 보고
마음의 실체를 정확히 알게 될 때
현상세계에서 변화하는 모든 것들이
단지 마음이 부리는 조화임을 알게 된다.
그래서 더 이상 그것에 현혹되지 않게 된다.

해탈과 자유의 길은
이미 그대에게 주어져 있다.
그 길을 찾는 것은
단지 그대의 결심에 달려있다.

한평생 꿈속에서 살다가
한 줌의 먼지로 되돌아갈 것인가?
아니면 꿈에서 깨어나서
두려움 없이 대자유를 누리며 살 것인가?
그것은 오로지
그대의 선택에 달려있다.

마음 챙김

마음 챙김이란 무엇을 말하는가?
어떻게 하는 것이 마음을 챙기는 것인가?

마음의 주의注意는 시시각각 다섯 가지 감각 대상과 생각 또는 감정으로 옮겨 다닌다.
그래서 그대가 어떤 특정한 대상에 주의를 집중하려고 해도 주의가 한 곳에 머물러 있기는 어렵다.
주의는 순간순간 새롭게 관심을 끄는 대상으로 옮겨가기 때문이다.

마음 챙김이란 대상을 옮겨 다니는 주의를 아무런 판단 없이 의식적으로 지금 여기에 매순간 집중하는 것을 말한다.

여기서 중요한 것은 이 과정에서 자기 나름의 판단, 즉 생각을 개입시키지 않는다는 것이다.

밥을 먹을 때를 예로 들어보자.
마음 챙김이란 단순히 음식물을 씹을 때 입 속의 감촉과 맛에, 또는 음식물을 삼킬 때 목구멍을 넘기는 감촉 등 모든 과정에 주의를 의식적으로 기울이는 것이다.

"이 김치는 짜기만 하고 왜 이렇게 맛이 없지?"

"국은 또 왜 이렇게 싱거워?"

이 같은 판단이나 해석, 즉 생각을 덧붙이지 말라는 것이다.

물론 초심자의 경우 마음 챙김이 그렇게 입맛대로 쉽지는 않을 것이다.

무의식적으로 생각이 올라오면 주의가 생각을 따라가 동일시되기 때문이다.

그러나 설령 주의가 자신도 모르게 옆길로 새더라도 낙담하거나 절망할 것은 없다.

곧바로 그 사실을 알아차리고 다시 주의를 현재의 순간으로 가져오면 된다.

꾸준히 이 과정을 반복하는 가운데 알아차림의 힘은, 주의력은 강해지게 된다.

주의력이 강해지면 자연스럽게 생각, 감정과의 무의식적 동일시에서 벗어날 수 있게 된다.

이것이 마음 챙김을 꾸준히 실행하면 얻게 되는 알아차림의 효능이다.

메타 주의력을 키워라

대개의 경우 본성을 알아차렸다고 해도 초기에는 마음 챙김의 힘이 미약하다.

그래서 의문이 생기면 그 또한 하나의 생각임을 알아차리지 못하고 똑같은 질문을 되풀이하곤 한다.

의문이 올라올 때, 그것 또한 생각임을 알아차리라고 수십 차례 주지시켜주어도 생각과 동일시되어 자신의 의문이 생각임을 알지 못하는 사람도 간혹 있다.

이 같은 문제는 왜 발생하는 것일까?

마음이 어떤 대상을 지향하는 힘을 주의력이라고 한다.

주의력은 쉽게 말하면 마음이 대상을 명확하고 생생한 형태로 알아차리는 힘이다.

그러나 주의력에는 어떤 대상만 지향하는 것이 아니라 주의 자체에 대한 주의도 있다.

이를 '메타(metta) 주의력'이라고 하는데, 이는 주의 그 자체에 주의를 기울이는 능력이다.

메타 주의력이 있기 때문에 어떤 특정한 대상을 향하고 있던 자신의 주의가 엉뚱한 길로 새어버렸다는 것을 알 수 있는 것이다.

그대가 자신의 호흡에 주의를 기울이기로 작정하고 연속해서 이어지는 들숨 날숨을 지켜보고 있다고 하자.
그러나 그 주의는 얼마 지속되지 못하고 일어나는 생각과 동일시되어 옆길로 빠져버린다.

아침 출근길에 지하철에서 본 어떤 여성이 떠오른다.
2년 전에 헤어진 애인과 많이 닮았다.
그녀는 지금쯤 어디서 무엇을 할까? 결혼은 했을까?
그때 그녀와 헤어지는 것이 아니었는데⋯⋯.

그대의 주의는 호흡을 놓쳐버리고 이렇게 생각 속을 헤매다 문득 자신이 옆길로 새어버렸음을 알아차리고 다시 호흡에 주의를 쏟는다. 이렇게 자신의 주의가 옆길로 새었음을 알아차리는 능력이 바로 메타 주의력이다.

메타 주의력은 관심을 가지고 노력하고 훈련하면 점점 그 힘이 강해진다. 그래서 한 가지 대상에 주의를 쏟을 수 있는 집중력 또한 강해지는 것이다.

평소의 마음 챙김은 메타 주의력을 향상시키기 위한 것이다.
이는 단순히 집중력을 강화하기 위한 수단으로만 그치는 것이 아니다.

메타 주의력이 강해지면, 나중엔 주의가 대상을 향하면서도 주의 자체를 자각할 수 있게 된다.

특정한 대상을 지향하지 않는, 열려있는 텅 빈 자각 속에 주의가 머물게 된다.

이렇게 되면, 생각과 감정이 일어나더라도 그것과 동일시되지 않게 된다.

어떤 생각이 일어나라도 그 생각에 쉽게 휩쓸려가지 않게 된다.

따라서 견성 이후에도 쉽게 생각에 동일시되어 일어나는 의문들이, 결국은 한 생각에 불과함을 알아차리지 못하는 사람들은 평소 꾸준한 마음 챙김을 통해 메타 주의력을 강화시켜 나가야 한다.

모든 것은 관념이다

그대가 실체로 알고 있는
영혼靈魂이라는 것도
신神이라는 것도
하나의 관념일 뿐이다.

윤회도, 환생도
'나'라는 것도
삶과 죽음이라는 것도
다만 관념에 지나지 않는다.

나아가 그대가 생각할 수 있는 모든 것
그대가 알고 있는 모든 것 또한
관념과 생각의 범위를 벗어나지 않는다.

관념은 실재가 아니다.
관념은 만들어진 것이기 때문이다.
그것은 말이요, 개념이요, 생각이다.
만일 그대가 말을, 언어를 배우지 못했더라면
관념은 존재하지 않았을 것이다.

관념은 언어와 함께 나타난다.
그러나 그대는 무의식적으로 관념을 실재로 알고 있다.

그대가 알고 있는 모든 것이
그냥 단순한 관념이요
생각이라는 것을 알아차리는 것이
바로 깨달음이다.

그대가 이 단순한 진리를 깨치게 되면
관념과 생각이 불러오는 모든 고통에서 해방될 수 있다.
여기에 내면의 평화가 있다.

그대가 알고 있는 모든 것이 관념이요, 생각이라면
'나'라는 것 또한 생각일 뿐인데
그러면 무엇이 진짜 그대인가?

생각을 뛰어넘어라

그대가 알고 있는 것 가운데
생각이 아닌 것이 없다.

그대의 세상은
생각 속에 있다.

그대가 고통 받고 있다면
지금 그대를 괴롭히는 어떤 생각에 매달려있기 때문이다.

만일 그대가 행복하다고 느낀다면
이 또한 행복하다는 생각과 하나가 되어있음을 반증한다.

나아가 그대가 자신으로 알고 있는
'나'라는 정체성 또한 생각이다.

그토록 생생하고 구체적이며,
실재하는 것처럼 느껴지는 '나'도
궁극적 의미에서는 존재하지 않는다.
그것 또한 단지 생각일 뿐이다.

그대가 일생을 통해 지켜오면서
꿈에도 존재성을 의심하지 않고 있는
'나'라는 생각이 모든 생각의 근원이다.

'나'라는 생각을 중심으로 다른 모든 생각들이
줄기를 내밀고 가지를 뻗어나간다.

그대는 단지 생각일 뿐인 '나'의 안위를 걱정하며
평생 동안 어떻게 먹고 입고 잠잘 것인가를 걱정한다.

'내'가 실재하지 않음을
그것이 단지 생각일 뿐임을 깨닫게 되면
그대를 괴롭히는 모든 문제들에서 해방되며
근심과 두려움에서 벗어나게 된다.
탄생과 죽음도 생각일 뿐이고
윤회 또한 개념이라는 것이 명백해진다.

그러므로 그대가 뛰어넘어야 할 것은
오로지 생각이다.
생각이 없으면
생각이 있어도
생각과 동일시되지 않으면 고통 또한 없다.

판단하지 말라

마음 챙김에 있어서 왜 판단 없이 이 순간에 주의를 기울이라고 말할까?

어떤 판단이나 분별이 개입되면 그대는 결코 현재에 있을 수 없게 되기 때문이다.

판단과 함께 그대는 꿈과도 같은 생각의 매트릭스 속으로 빨려 들어가게 된다.

그러면 지금 이 순간을 놓쳐버린다.

그대는 무엇을 보든지, 무엇을 듣든지 곧바로 판단을 내린다.

그런 뒤 그 판단에 따라 또 다른 생각들을 펼쳐나간다.

어떤 빌딩의 로비에서 낯선 사람과 단 둘이 엘리베이터를 탔다고 하자.

엘리베이터가 올라가는 도중에 그대는 그 사람의 외모를 보고 판단을 내린다.

'이 사람은 남루한 옷차림을 보니 일용직 노동자 같군.

옷에 묻은 먼지, 덥수룩한 수염과 꾀죄죄한 얼굴 좀 봐. 이 사람이 여기에 무슨 일로 왔을까?

아마 이 빌딩에 보수공사를 하러 왔을 거야. 왠지 좁은 공간에서 함께 하기가 썩 내키지 않는군.'

그가 누구이며, 무슨 일로 왔는지는 그대는 알지 못한다.

그렇지만 그대는 보자마자 그를 판단하고 평가하고 그것을 기정사실화하면서 생각의 나래를 편다.

마음 챙김은 지금 이 순간에 열려있는 알아차림으로 단순히 존재하는 것이다.

판단이 개입되지 않으면 비교할 대상이 없기 때문에 이 순간에는 좋은 것도 나쁜 것도 없다.

그런데도 그대는 누군지도 알지도 못하면서 그를 판단하고 평가한 뒤 그가 싫다는 선입견을 갖는다.

누가 그를 제대로 알기도 전에 지레 판단하고 있는가?

판단을 내리는 자는 다름 아닌 에고다.

그리고 에고가 하는 판단의 기준은 그대가 살면서 쌓아온 정보를 기반으로 한 자기 정체성이다.

어떤 것이라도 비교와 평가 그리고 판단을 내리는 것이 에고의 주된 임무이다.

비교와 평가 그리고 판단 없이는 '나'라는 정체성이 유지될 수 없기 때문이다.

그러므로 아무런 판단 없이 열려있는 알아차림으로 이 순간에 머무는 것은 결국 에고를 내려놓는 데 유효적절한 수행이라고 말할 수 있다.

판단하지 말라.
다만 지금 이 순간을 지켜보기만 하라.

생각의 주인이 되라

벽　공: 사시는 곳이 전남이면 먼 길을 오셨군요. 어떤 일을 하시고 계
시나요?

방문자: 공무원으로 일하고 있습니다.

벽　공: 어떤 계기로 부산까지 오시게 되었나요?

방문자: 5년 전부터 불교공부를 시작했는데 별다른 진전이 없다가 지
난 해 선생님이 쓰신 책『깨달음, 이것이다!』를 읽고 마음에 대
해 조금씩 눈이 뜨이기 시작했습니다. 그러던 차에 이번에 나
온『깨달음 혁명』을 읽고 꼭 선생님을 찾아뵈어야만 하겠다는
생각에서 부산을 방문하게 되었습니다.

벽　공: 아무튼 잘 오셨습니다. 그래 무엇이 궁금하신가요?

방문자: 선생님의 책을 여러 번 읽고 심지어는 외우기까지 했습니다.
선생님이 책에서 말씀하시는 알아차림을 충분히 이해했고 또
알 것도 같습니다. 그렇지만 뭔가 미진한 느낌이 있습니다.

벽　공: "알 것도 같다."는 말은 어렴풋한 것이지 분명하지는 않다는 말씀이군요?

방문자: 네, 그렇습니다. 이해는 되지만 아직도 정확히 그것이 무엇인지는 모르겠습니다. 그래서 이번에 선생님을 뵙고 그 자리를 분명하게 확인하기 위해서 왔습니다.

벽　공: 알겠습니다. 알아차림을 정확하게 인식시키는 것은 어렵지 않습니다. 왜냐하면 당신은 언제나 알아차림 속에 있으며, 알아차림 그 자체이기 때문입니다.
그러면 먼저 한 가지 묻겠습니다. 마음공부를 하시게 된 특별한 동기가 있었습니까?

방문자: 네, 있습니다. 사실은 제가 고등학교시절부터 정신적으로 강박증세가 있었습니다. 의자에 앉아 있으면 공연히 의자 다리가 부러져 넘어지지 않을까 하고 불안해서 앉아 있기가 힘들었습니다. 이후에도 강박증은 다양하게 패턴을 바꿔가면서 지금까지 집요하게 저를 괴롭히고 있습니다. 병원에서 치료도 받고 약도 먹어보았지만 증세가 전혀 나아지지 않았습니다. 그래서 강박증에서 벗어나보고자 마음공부를 시작하게 됐고 여러 불교수련회와 명상수련원 등을 거치면서 지금까지 공부해왔습니다. 명상수련원 같은 곳에서는 무조건 명상을 하라고 시키는데 명상이 제 체질에 도저히 맞지 않더군요. 그런데 선생님 책을 읽고 알아차림에 집중하게 되면서 생각이 내가 아님을 알게 되면

서부터 점차 강박증에서 벗어날 수 있게 되었습니다. 그러나 지금도 긴장하게 되면 자신도 모르게 다시 강박증세가 재발되곤 합니다. 아직도 완전하게 강박증에서 벗어난 것은 아닙니다.

벽　공: 잘 알겠습니다. 사실 강박증도 자기 생각에 대해 과도하게 동일시되어 생각에 대한 집착 또는 거부가 불러일으키는 마음병의 일종입니다. 따라서 알아차림이 밝아져서 자기 생각에 끌려가지 않게 되면 강박증도 자연스럽게 사라집니다.

방문자: 그래서 제가 부산까지 선생님을 찾아온 것입니다. 아내를 비롯한 주위 사람들은 저보고 예전과는 많이 달라졌다고 말하곤 합니다. 그리고 저의 강박증과 대인공포증도 이전보다는 많이 완화되어서 저 자신도 스스로 변화되고 있음을 느낍니다. 여기서 앞으로 어떻게 더 공부해나가야 할지 조언을 해주시기 바랍니다.

벽　공: 말씀을 들어보니 당신은 이미 공부의 궤도에 들어서 있습니다. 이제 본성자리를 분명하게 확인하시고 그 자리에 더 익숙해지는 일만 남았습니다. 그렇게 되면 강박증을 비롯한 정신적 장애들은 자연스럽게 떨어져 나갈 것입니다.

방문자: 저도 하루 빨리 그렇게 되기를 희망합니다.

벽　공: 그럼, 지금부터 제 말을 들으시고 알아차림이 무엇인지, 참나가 무엇인지를 직접적으로 확인하시기 바랍니다. 그것은 어렵지 않습니다. 누구나 가지고 있으며, 날 때부터 완벽하게 완성되는 것이지만 다만 그것이 있는 줄 모르고, 그것이 진정한 자신인 줄 모르고 살아왔을 뿐입니다.

그로부터 한 시간 여 정도 대화가 이어졌다.

벽　공: 이제 무엇이 본성인지 확연해졌습니까?

방문자: 네. 그렇습니다. 이제 분명해졌습니다. 더 이상 의심은 없습니다.

벽　공: 본성을 확인하고 나니까 어떤가요? 그것이 변하는 것입니까?

방문자: 아닙니다. 변하지 않습니다. 언제나 늘 그대로일 수밖에 없지요.

벽　공: 그렇습니다. 이 공부는 마치 물고기가 알에서 깨어날 때부터 늘 물속에서 있었으면서도 물을 찾아다니다가 자기가 살고 있는 곳이 바로 물이라는 사실을 아는 것과 같습니다. 지금 본성을 확인하고 나니 왜 이런 말을 하는지 이해가 되시지 않나요?

방문자: 충분히 이해가 됩니다. 모든 것이 본성뿐인데 어디에 간들 본성 아님이 있겠습니까?

벽　공: 하하하……. 바로 보셨습니다. 오늘 본성을 확인하셨지만 앞으로도 계속 자기도 모르게 생각에 속게 될 것입니다. 그러나 이미 본성을 아셨으니 이전처럼 무작정 생각에 끌려가지는 않을 것입니다.

방문자: 그러면 어떻게 해야만 합니까?

벽 공: 특별한 수행 같은 것은 필요하지 않습니다. 생각에 끌려갔음을 알아차리는 순간 다시 본성자리로 저절로 되돌아오게 됩니다. 물론 이 같은 과정을 수없이 반복하겠지만, 그런 과정을 거치면서 자연스럽게 알아차림은 밝아지게 됩니다. 그러다 어느 순간 더 이상 생각에 속지 않게 됩니다. 그래서 앞으로도 지속적으로 이 공부에 관심을 갖고 도반들과 함께 어울리는 것이 좋습니다.

방문자: 잘 알겠습니다. 전남지역에는 이 공부하시는 분들을 찾아보기가 힘듭니다. 같은 지역에 사시는 훌륭하신 도반들을 소개해주시기 바랍니다. 앞으로 여건이 되면 법회에도 자주 참석하겠습니다. 감사합니다.

생각에서 빠져나와 삶을 살라

그대는 삶을 살고 있는 것이 아니라 마음을, 생각을 살고 있다.

그대의 세계는 실재하는 세계가 아니라 마음속의, 생각 속의 세계다.

그러나 그대는 생각 속의 세계를 실재하는 세계로 착각하고 있다.

그대가 하루 종일 걱정하고, 불안해하고, 분개하고, 두려워하는 문제는 단지 마음의 문제일 뿐이다.

생각 속에서만 펼쳐지는 드라마다.

만일 그대가 마음속에서, 생각 속에서 빠져나오지 못한다면

그대는 생각이 꾸며내는 가상 세계 속에 갇혀서 고통을 겪게 된다.

누구든 생각 속에서 빠져나오지 못하면 진정한 삶을 살 수가 없다.

몽유병 환자처럼 눈을 뜬 채 꿈속에서 살아가는 것이기 때문이다.

깨어난다는 것은 자동적, 무의식적으로 진행되는 생각과의 동일시에서 벗어나는 것이지, 특별한 것이 아니다.

그러면 깨어나기 위해서는 무엇이 필요할까?

다른 것은 필요하지 않다.

잠들어 있던 본성이, 순수의식이 스스로를 알아차림으로써 각성되어야만 한다.

그래야만 자연스럽게 생각과의 동일시에서 빠져나올 수 있다.

발심한 사람이 깨어나고자 하는 관심과 의지를 갖고 있고
이미 깨어난 선지식이 정확하게 본성을 일깨워주기만 하면
곧바로 깨어날 수 있다.

물론 사람에 따라서 다소 차이가 있긴 하지만,
여기에는 오랜 시간과 수행이 필요하지 않다.

머무는 바 없이 그 마음을 내라

질문자: 금강경에 나오는 "마땅히 머무는 바 없이 그 마음을 내라."라
는 말이 구체적으로 어떻게 하라는 말인지 잘 모르겠습니다.

벽　공: 먼저 한 가지 묻겠습니다. 무엇이 마음입니까?

질문자: 글쎄요. 꼭 집어서 대답하기는 힘들지만, '생각'이 아닌가요?

벽　공: 그렇다면 금강경에서의 '마음을 내라.'는 말은 '생각을 하라.'는
말이 아닌가요?

질문자: 그런 것 같습니다.

벽　공: "마땅히 머무는 바 없이 그 마음을 내라."는 말은 "생각을 하되
그 생각에 머물지 말라."는 말이 아닐까요?

질문자: 저도 그렇게 생각합니다. 그런데 '생각에 머물지 않는다.'는 것
이 구체적으로 어떻게 하는 것인지를 잘 모르겠습니다.

벽　공: 좋습니다. 그러면 생각은 누가 하나요?

질문자: 당연히 '내'가 하는 것이 아닌가요?

벽 공: 당연히 그렇게 생각할 것입니다. 금강경에서도 마음을 내는 주체, 즉 생각하는 주체를 은연중에 '나'로 상정하고 있으니까요. 여기에 빠지기 쉬운 함정이 있습니다. '내가 생각한다.'고 아니까 '내 생각'이 되고, 생각이 '나'가 되는 것입니다. 이것이 바로 '생각에 머무는 것'입니다.

질문자: 그러면 어떻게 하면 됩니까?

벽 공: 어떻게 할 것은 없습니다. 생각은 알아차려지는 것이기 때문에 알아차림의 대상입니다. 생각은 조건에 따라서, 인연을 따라 일어나는 것이지 내가 생각하는 것이 아닙니다.
생각하는 '나'는 없습니다. 그것은 단지 무의식적으로 따라붙는 언어적인 습관일 뿐입니다.
머무는 바 없이 마음을 낸다는 것은, 즉 생각에 머물지 않는다는 것은 생각과 자신을 동일시하지 않는다는 것입니다. '내 생각'이라는 동일시 없이 생각을 알아차리는 것이며, 더 쉽게 말하면 생각을 진실로 믿지 않는다는 것입니다.

생각을 그저 푸른 하늘에 흘러가는 흰 구름처럼 바라보세요. 생각은 알아차림의 배경 위에 저절로 나타나서 시시각각 모양을 바꾸다가 사라집니다.

진정한 당신은 생각이 아니라 모든 생각들이 일어나고 사라지는 배경인 알아차림이니까요.

바다와 파도

바다에서 파도를 분리할 수 있겠는가?

개념으로는 분리할 수 있겠지만
실제로는 바다와 파도를 나눌 수 없다.

파도는 바다 표면의 움직임일 뿐이며
둘 다 똑같은 물이기 때문이다.

그러나 그대는 바다와 파도를 분리된 다른 것으로 안다.
이름을 실재로 착각하기 때문이다.

이름, 즉 개념과 생각을 여의면
어떤 사물이나 현상도 나눌 수 없다.

생각을 떠나면
본래마음에는 어떤 분리와 차별도 없다.

깨달음은
이름과 생각을 떠난, 어떤 분별도 없는 본래마음이

진정한 자신의 정체임을 확인하는 것이다.

파도는 어디서 일어나서 어디로 사라지는가?
바다에서 일어나 바다로 잦아든다.

생각은 어디서 일어나서 어디로 사라지는가?
본래마음에서 일어나 본래마음으로 스며든다.

파도가 단지 바다의 움직임이듯이
생각 또한 본래마음의 움직임일 뿐이다.

파도와 생각은 일어났다 사라지는
환영幻影과도 같은 것이다.

환영을 실재로 착각할 때
미망에 빠져 고통을 받게 된다.

환영이 실재하지 않는 것임을 바로 보기만 하면
모든 고통은 사라진다.

나눠질 수 없는 하나

모든 구분은 개념이 만들어낸다.

안과 밖
위와 아래
여기와 저기
너와 나
삶과 죽음
시작과 끝
선善과 악惡
옳은 것과 그른 것
.
.
.

상대적인 개념이 생겨나기 이전엔
어떤 구분도 존재하지 않는다.

모든 구별과 차별은
개념과 생각으로 인해 실재하는 것처럼 보일 뿐이다.

생각이 일어나기 이전의
나눌 수 없고
이름 붙일 수 없는 전체가
바로 그대이다.

그러므로 실재하는 것은
오직 그대뿐이다.

고통 없이 사는 법

'나는 누구이다.'라는 생각에 대한 믿음이
바로 그대가 알고 있는 '나'이다.

'세상은 이러하다.'는 생각에 대한 믿음이
바로 그대의 세상이다.

생각이 없으면
그대도, 세상도 존재하지 않는다.

생각은 그대가 날 때부터 가지고 온 것이 아니다.
후천적으로 습득되거나 주입된 개념이 기억으로 남아
인연에 따라 일어나는 것이다.

따라서 생각은 '나'도, '내 것'도 아니다.

생각을 맹목적으로 믿고 그것에 집착할 때
생각이 '나'가 되고 만다.
생각이 '내 것'이 되어버리면
그대는 생각이 빚어내는 가상현실 속으로 떨어지고

그것에 얽매여 고통을 받을 수밖에 없다.

그러므로 고통 없이 사는 길은
생각을 맹신하며 사는 것이 아니라
생각이 단지 생각일 뿐임을 알며 사는 것이다.

생각에 대한 맹목적인 믿음과 집착이 사라지면
일어나는 모든 일을 신뢰할 수 있게 되며
거부감 없이 받아들일 수 있게 된다.

그리하여 삶은 살아지는 것이지
그대가 살아가는 것이 아님을 깨닫게 된다.

그러면 삶은
아무런 저항과 거부감 없이
자연스럽게 저절로 펼쳐지게 된다.

매트릭스에서 탈출하라

　영화 〈매트릭스〉의 마지막 장면에서, 네오는 요원 스미스의 총알을 맞고 쓰러진다.

　그러나 그는 트리니티의 사랑이 일깨워준 '하나(그)가 된 느낌' 속에서 다시 일어선다.

　그때부터 네오는 실재하는 줄 알았던 세상이 한갓 프로그램 코드로 구성된 매트릭스일 뿐이라는 초라한 실상을 알아차린다.

　그가 매트릭스의 본질을 간파하는 순간, 마치 모든 것이 정지된 것만 같은 고요한 의식에서 날아오는 총알을 멈추게 하고 스미스의 공격을 한 손으로 가볍게 물리쳐버린다.

　이것은 영화 속에서나 나올 법한 장면일까?
　아니면 실제로 있을 수 있는 경지일까?

　요원 스미스가 쏘아대는 총탄과 공격은
　그대가 세상을 살아가면서 느끼는 온갖 두려움, 불안, 분노, 근심걱정과 같은 문제들이다.

그대가 직면하고 있는 여러 문제들은 어디서 오는가?
생각으로부터 온다.

따라서 생각이 문제의 본질임을 깨닫기만 하면
매트릭스의 본질을 간파한 네오의 경지는 실재할 뿐만 아니라
누구나 실현 가능한 것이 된다.

그대가 알고 있는 세상은 컴퓨터 프로그램의 일종인 매트릭스에 지
나지 않는다.
그 매트릭스를 구성하고 있는 프로그램 코드는 '생각'이다.

그러므로 그대가 생각으로부터 빠져나올 때
그대가 실재하는 줄 알고 있던 세상은 생각으로 구성된 매트릭스임
이 밝혀짐과 동시에 그 의미를 잃게 된다.

생각에 끌려가지 않는 고요한 의식 상태에서
매트릭스 속에서 그대를 괴롭혔던 불안, 두려움, 근심, 걱정, 분노 등
온갖 문제들이 사라짐을 보게 된다.

매트릭스로부터 탈출하라.
이것은 네오 뿐만 아니라 그대에게 주어진 필생의 과제이다.

매트릭스 속의 세계는 생명이 없는 죽어 있는 세상이며
매트릭스 속의 그대는 인공으로 배양된 환영幻影의 존재다.

매트릭스에서 빠져나와

하루를 살더라도 참생명을 살라!

개념에서 벗어나는 공부

방문자: 마음공부를 시작하게 된 데에는 특별한 계기가 있었던 것은 아닙니다. 저는 비교적 유복한 환경에서 자랐는데도 사는 것이 뭔지 모르게 결여된 것 같고 불만족스러웠습니다. 그리고 막연히 지금 내가 있는 곳이 있어야 될 곳이 아니라는 느낌도 들었고……. 그래서 나름대로 길을 찾다가 마음공부를 시작하게 되었습니다.

벽 공: 그동안 어떻게 이 공부를 하셨나요?

방문자: 처음엔 주로 종교 쪽으로 찾아다녔습니다. 그러나 거기서 원하는 해답을 발견할 수 없었습니다. 저는 자유로워지기를 원했는데, 오히려 종교적 관념으로 인해 부자유스럽게 된다는 것을 알았습니다.

벽 공: 진정한 자아를 아는 것이 모든 종교의 본질입니다. 진정한 자아는 관념이 아닙니다. 따라서 자유로워지기 위해서는 진정한 자아를 깨닫는 수밖에 다른 도리가 없습니다. 관념에서 해방시켜 주는 것이 진짜 종교이며, 나머지는 다 사이비 종교입니다.

당신은 지금 알고 있는 모든 것들이 생각이고 개념이라는 것을 인정하나요?"

방문자: 네, 인정합니다.

벽 공: 그러나 진정한 자아는, 오직 본성만은 생각과 개념이 아닙니다. 따라서 자기 안에서 생각과 개념이 아닌 것만 발견하면 그것이 깨달음입니다. 어때요, 단순하고 쉽지 않나요?

방문자: 선생님 말씀을 들으면 그걸 것 같다는 생각이 들지만 그것을 알아차리기는 사실 쉽지가 않습니다. 그래서 방법을 찾다가 여기까지 오게 되었습니다.

몇 달 전의 일입니다. '나는 누구인가?'라는 물음을 화두 삼아 그 해답을 찾기 위해 골몰하다가 어느 순간 진정한 나는 생각으로는 알 수 없는 것이라는 알아차림이 있었습니다.

그러다가 생각이 사라지면서 얼마동안 멍하니 그냥 그대로 있었습니다. 그러나 그 체험도 시간이 지나면서 사라졌습니다. 하지만 그 당시의 그 평온한 느낌이 너무 좋게 느껴져서 그 이후 그 느낌을 다시 느껴보려고 했지만 그렇게 되지가 않았습니다.

벽 공: 어떤 느낌이나 보이고 들리는 것에 현혹되면 본성을 알아차릴 수가 없습니다. 느낌이나 보이고 들리는 것은 알아차려지는 것이며, 따라서 어디까지나 그것들은 대상입니다. 본성은 알아차려지는 대상이 아니라 대상을 알아차리는 주체입니다. 그러므

로 주의가 대상을 좇아가서는 안 되며 오히려 대상에서 되돌려 알아차리는 그것을 알아차려야만 합니다.

말로 들으면 어렵게 느껴집니다. 그러나 실제로는 그것을 아는 것은 그렇게 어려운 것이 아닙니다. 당신은 지금까지 살아오면서 단 한순간도 본성에서 벗어난 적이 없기 때문입니다.

지금부터 제가 하는 말을 잘 듣고 언제나 생각 이전에 있는 본성을, 알아차림이 무엇인지 알아차려 보세요. 그러면 됩니다.

고요한 침묵 속에서 간간이 대화가 이어졌다.

방문자: 선생님의 말씀을 듣고 보니 얼마 전에 있었던 일이 떠오릅니다. 제 체험을 말해도 될까요?

벽　공: 주저하지 마시고 얼마든지 말씀하세요.

방문자: 이건 별 것도 아니고 사실 말로 표현하기가 좀 힘든 것인데…….

벽　공: 당연히 그럴 것입니다. 그래도 말해보세요.

방문자: 혼자 앉아서 무심히 눈에 보이는 대상들을 보고 있는데, '보는 나'는 없고 그냥 '봄'만이 있다는 것이 알아차려졌습니다. 혹시

그것이 본성이 아닌가요?

벽　공: 맞습니다. 그것입니다.

방문자: 그럼 그건 정말 아무것도 아닌데……

벽　공: 아무것도 아니라면 아무것도 아니라고 할 수도 있죠. 있는 것
도 아니고 없는 것도 아니니까요. 그렇지만 지금 그 속에 보이
고 들리는 것, 생각, 감정이 모두 나타나고 있지 않나요?

방문자: 그건 그렇습니다. 돌이켜보면 그런 체험은 그때 말고도 여러
번 있었습니다. 하지만 그때는 그것이 무엇인지 몰랐습니다.

벽　공: 본성은 우리의 존재 자체이기 때문에 우리는 언제나 본성을
체험하고 있습니다. 그렇지만 그것이 무엇인지 모르기 때문에
생각과 감정, 다섯 가지 감각을 좇아 헤매며 사는 것이 범부들
의 삶입니다.

방문자: 그러고 보니 본성을 체험한다는 것은 정말 아무것도 아니군
요. 중요한 것은 그것이 무엇인지 아는 것이군요.

벽　공: 본성이 곧 불성이며, 불성이 무엇인지 아는 순간 곧 부처가 되
는 것입니다.

말없이 혼자서 우두커니 앉아있던 그의 입가에 미소가 번지기 시작했다.

방문자: 이제야 알겠습니다. 그리고 지금 이대로가 바로 본성이라는 것에 대한 믿음과 확신이 생깁니다. 그리고 이상하게도 그 많던 의문들이 다 사라졌습니다.

벽　공: 그 확신은 시간이 갈수록 더 뚜렷해질 것입니다.

방문자: 이제 더 알아야 할 것이나 해야만 할 것은 없나요?

벽　공: 이 공부는 개념적인 지식을 쌓아나가는 것이 아니라 개념에서 벗어나는 공부입니다. 더 알아야만 할 것은 없지만, 앞으로도 생각은 여전히 일어날 것이므로 무의식적인 생각과 동일시되는 습관에서 벗어나는 것이 앞으로의 과제입니다. 따라서 정기적으로 법회에 참석해서 법문을 듣고 도반들과 대화를 나누는 것이 가장 좋은 수행이라면 수행입니다.

방문자: 잘 알겠습니다. 감사합니다.

용서란

질문자: 진정한 용서란 과연 무엇입니까? 어떻게 하면 상대방을 진정으로 용서할 수가 있습니까?

벽　공: 왜 용서에 대해서 묻나요? 용서하고 싶어도 도저히 용서가 되지 않는 사람이 있습니까?

질문자: ……. 사실은 제 아버지입니다. 어릴 적 아버지는 술에 취하면 집에 들어와 마구 폭력을 휘둘렀습니다. 어머니는 아버지의 무자비한 폭행에 견디다 못해 가출했고 아버지도 그 후 집을 나가버렸습니다.

벽　공: 그러면 부모 없이 어떻게 자랐나요?

질문자: 저와 제 동생은 고아원에 맡겨져 자랐습니다. 무관심과 냉대 속에서.
지금도 어릴 적 아버지를 떠올리면 치솟아 오르는 분노를 참을 수가 없습니다. 도저히 아버지를 용서할 수 없습니다.

벽　공: 좋습니다. 먼저 일반적으로 통용되고 있는 용서에 대해 한번 생각해 봅시다. 통상적인 용서에는 용서받을 사람과 용서하는 사람이 있습니다. 당신과 아버지와의 관계에서 당신은 피해자이고 아버지는 가해자라고 생각하기 때문에 당신은 용서하는 사람이고 아버지는 용서를 받아야만 할 대상이죠. 그렇지요?

질문자: 맞습니다.

벽 공: 그러면 어떤 경우에 아버지에 대한 분노와 함께 그를 용서하지 못할 것 같다는 격한 감정이 떠오르던가요?

질문자: 그야 물론 아버지와 관련된 어릴 적 기억을 떠올리거나 아버지에 대해 생각할 때이죠.

벽 공: 그렇다면 아버지에 관한 생각이 없어도 그를 용서할 수 없다는 분노가 치솟아 오르는가요?

질문자: 그렇지는 않죠. 아버지에 대한 생각이 없는데 어떻게 아버지에 대한 분노가 있을 수 있겠습니까?

벽 공: 맞습니다. 아버지에 대한 어릴 적 기억이 없다면, 그래서 아버지를 생각하지 않는다면, 아버지를 용서할 수 없다는 격한 분노도 일어나지가 않겠지요. 그렇다면 아버지에 대한 기억이 없고 그 기억이 불러일으키는 아버지에 대한 생각이 없다면, 아버지를 용서하거나 말거나가 아무런 의미가 없지 않을까요?

질문자: 이치적으로는 맞는 말씀 같습니다만, 도대체 어떻게 하라는 말씀인지 모르겠군요.

벽　공: 내가 나에게 피해를 끼친 상대방의 잘못을 사하여 준다는 의미의 용서란 피해자로서의 '나'와 가해자로서의 '상대'가 있어야만 가능한 일입니다. 따라서 당신이 아버지를 생각할 때만이 피해자와 가해자의 분리가 일어나며, 이에 따라 피해자인 당신이 가해자인 아버지를 용서할 수 없다는 분노가 일어나는 것입니다. 이 모두가 당신의 마음속에서, 생각 속에서 일어나는 일일 뿐입니다.

질문자: 그렇다면 어떻게 하면 아버지를 용서할 수 있습니까?

벽　공: 근원적인 용서는 생각 이전으로 돌아가는 것입니다. 피해자인 당신도 그리고 가해자인 아버지도 기억과 생각 속에서만 존재하는 환영임을 꿰뚫어보기만 하면 됩니다. 생각만 놓아버리면 용서할 사람도, 용서받을 대상도 존재하지가 않습니다. 이 진실에 눈을 뜨는 것이 진정한 용서입니다.

질문자: 그렇지만 너무 오래 남아있는 앙금인지라…….

벽　공: 아버지에 대한 기억을 놓아버리세요. 그렇다고 기억을 지워버리려고 노력하라는 말은 아닙니다. 아버지에 대한 분노가 당신의 생각 때문에 일어난다는 사실을 깨닫기만 하면 됩니다. 아

버지는 당신의 기억과 생각 속에서만 존재하는 대상임을 알아
차리기만 하면 됩니다. 그러면 아버지에 대한 과거의 기억은
더 이상 당신을 괴롭히지 못할 것입니다. 용서할 당신도, 용서
받아야만 할 아버지도 존재하지 않음을 알게 될 것입니다.

생각이 생각임을 알라

질문자: 지난 법회에 참석한 이후 확실히 이전과는 달라졌음을 느낍니다. 저의 관점이 이동했다고나 할까요.

방금 전 모임에서 친구와 대화하는 중에 이런 생각이 들었습니다. '이 친구는 왜 자기 생각에만 사로잡혀서 이야기할까?' 그러면서 친구들의 이야기가 정말 생각과 동일시된다는 것이 생생하게 느껴졌습니다.

그리고 내면에서 일어나는 생각과 감정을 생생하게 지켜볼 수 있습니다. 이제는 다시 이전으로 돌아가지는 않을 것 같습니다. 이전처럼 생각과 동일시되어 생각에 휘둘리는 일은 없을 것 같습니다.

벽　공: 그런데 무엇이 또 문제인가요?

질문자: 저 스스로도 이전과는 확실히 달라졌음을 느끼지만, 왜 이 자리가 명확하지 않은가요? 확실하고 뚜렷하지 않다는 것이 문제입니다.

벽　공: 하하하……. 본성자리가 명확하고 뚜렷해야만 한다는 것은 누구의 생각인가요?

질문자: 물론 제 생각입니다.

벽　공: 그것도 생각이 아닌가요? 당신은 지금 일어난 생각에 자신도 모르게 동일시되어 속고 있는 것입니다. 그 생각이 일어났을 때도 본성은 여전히 그것을 알아차리고 있지 않나요? 그것보다도 더 본성이 언제나 명확하고 뚜렷하다는 것을 반증하는 증거가 어디 있을까요?

본성자리, 참나는 뚜렷하거나 흐릿할 것이 없습니다. 본래부터 완전하고 변하지 않는 것인데 어떻게 명확하고 뚜렷하게 한다는 말입니까?

질문자: 네? 그러면 어떻게 해야만 합니까?

벽　공: 어떻게 할 무엇이 있나요? 본성자리를 명확하게 하겠다는 생각이 망상임을 알면 그것으로 되는 것이죠.
당신은 본성을 눈치 채기는 했지만 아직 본성에 대한 명확한 앎이 없기 때문에 또 다시 생각에 속고 있는 것입니다.

질문자: ……?

벽　공: 그렇다고 걱정할 것은 없습니다. 당신은 지금 대부분의 초심자들이 빠지기 쉬운 함정에 걸려든 것뿐이니까요. 하하하……

질문자: 그러면 앞으로 어떻게 해야만 생각에 속지 않을 수 있습니까?

벽　공: 초견성 후에 생각에 속는 것은 오랜 세월 동안 생각 속에서 살아온 습관 때문에 그런 것입니다. 비록 견성 이후에도 생각은 여전히 일어나며, 그 습관은 단박에 사라지지 않습니다. 앞으로 꾸준히 법회에 참석해서 법문을 듣고 먼저 깨어난 도반들과 대화를 나누다 보면 어느 순간 뚜렷한 안목이 생겨 생각이 생각일 뿐임을 알게 됩니다. 그때 가면 생각에 더 이상 속지 않게 됩니다.

질문자: 감사합니다.

망상에서 깨어나라

그대는 무언가를 초월하고 싶다고 느낀다.
초월하고 싶어 하는 것은
지금 이대로가 만족스럽지 않기 때문이다.

지금의 그대가, 지금 처한 현실이 불만스럽기 때문에
초월을 통해 완전한 그대가 되고 싶어 하고
불만족스러운 현실을 완전하게 만들고 싶어 한다.

그래서 그대는 절이나 교회, 성당을 찾고
수행을 위해 집과 가정을 버리고 산 속으로
그도 아니면 인도나 티베트로 가기를 원한다.

그러나 그대는 그대가 궁극적으로 초월하려는 것이 무엇인지를
되돌아보려고 하지 않는다.

그대는 도대체 무엇을 초월하려고 하는가?

그대가 불만스럽게 여기는 그대 자신, 그대가 처한 현실 또한
그대의 생각일 뿐이지 않은가?

그대가 초월하려는 것은 궁극적인 의미에서 실재하는 것이 아니다.
그것은 그대의 마음이 지어낸 것일 뿐이지 않은가?

무명無明이란 무엇을 말하는가?
마음이 지어낸 것을 실재로 믿는 것이 무명이다.
망상을 실재로 착각하는 것이 어리석음이요 무명이다.

그대는 자신의 이미지를 생각으로 지어내고
생각으로 지어낸 그 허상을 진짜라고 믿는다.

또한 그대는 생각으로
아름다움과 추함, 선과 악, 나와 너, 행복과 불행, 기쁨과 슬픔 등
다채롭고도 장엄한 우주적인 쇼를 만들고 연출한 뒤
그 속으로 들어가서는 그 모든 쇼가 진실이라고 믿고 있다.

그대가 수행을 통해 초월하려는 모든 것은
사실은 그대가 지어낸 이야기일 뿐이다.

그러므로 그대가 수행을 통해 그대 자신을 초월하고
나아가 깨달음을 얻으려고 하는 동안에는
그대는 자신이 지어낸 망상에서 벗어날 수가 없게 된다.

원래부터 그대는 완전하다.
초월하고 싶어 하는 그대와 그대의 현실은

단지 그대가 지어낸 이야기일 뿐이다.

이것을 명백하게 아는 것이 깨달음이다.
따라서 깨달음은 얻을 것이 없다.
잃게 되는 것은 망상이다.

망상에서 깨어나면 원래의 자리로 되돌아오는 것이
깨달음이기 때문이다.

깨어있으려면

그대는 무엇에 집착하는가?
생각과 느낌에 많은 부분 집착한다.
뿐만 아니라 생각과 느낌을 아무런 의문 없이
절대적인 진실로 여긴다.

그래서 생각과 느낌이 일어나면
그것과 동일시되어 그대로 실행에 옮긴다.

생각과 느낌은 알아차림 안에서 잠시 나타나서 머물다 사라진다.
생각과 감정은 알아차림, 즉 자각의 장場 안에서
일어났다 사라지는 불연속적이고
신뢰하기도 어려운 덧없는 사건에 지나지 않는다.

이 같은 사실을 자각하지 못하면
생각이 창조한 가상현실을 진실로 믿고
그것에 얽매여서 고통 받는다.

깨어있다는 것은 무엇인가?
생각과 동일시되지 않는 것이 깨어있는 것이다.

노력 없이 자연스럽게 깨어있으려면 어떻게 해야 할까?
다른 노력은 필요하지 않다.
단지 의식의 초점을 생각이나 감정이 아닌
알아차림에 두면 된다.

알아차림을 자각하게 될 때
생각이 일어나더라도 저절로 그것과 동일시되지 않기 때문에
생각에 끌려가지 않게 된다.

인간관계의 진실

그대가 알고 있는 세계는 생각 속의 세계이다.

그러므로 그대의 세계 속에, 인생이라고 믿고 있는 무대 위에 등장
하는 모든 사람들 - 아버지, 어머니, 아내, 남편, 아들, 딸, 친구, 동료,
지인들 - 은 그대가 생각으로 만든 인물들이다.

그대가 한 남자, 또는 한 여자와 비록 50년을 함께 살았다 할지라도
그 사람이 진정 누구인지 그대는 알 수 없다.
그대가 자신의 본성을 알기 전까지는 …….

그대가 아는 남편 또는 아내는
다만 그대가 생각으로 만든 이미지이기 때문이다.

다른 사람에 대한 이미지는
그대가 '나'라고 믿고 있는 자아상의 관점에서
좋고 나쁨을 판단하고, 해석과 이야기를 덧붙이기 때문에
고정되어있지 않고 변한다.
그래서 한때 그토록 좋았던 사람이
시간이 흐르면서 싫증이 나기도, 미워지기도 하는 것이다.

이것은 그 사람이 변한 것이 아니라
그에 대한 그대의 생각이 변한 것이다.

그대가 알고 있는 어떤 사람은
그 사람에 대한 그대의 생각이나 이야기일 뿐이다.

이 명백한 사실을 깨닫지 못한다면
그대는 결코 인간관계로부터 자유로울 수가 없다.

아버지나 어머니, 또는 남편이나 아내로부터
치유될 수 없는 상처를 받았다고 생각하는가?

그대가 그 생각을 철석같이 기정사실로 믿어버린다면
그대는 결코 실재하지 않는 그 상처로부터 벗어날 수 없게 된다.
따라서 상처를 받았다는 생각을 믿기보다는
먼저 상처를 주었다고 생각하는 그 사람의 관점에서
자신의 생각을 다시 한 번 검토해보라.

그러면 상처를 입었다는 생각이 사실이 아님을
다만 '나'의 관점에서만 바라본
편향된 시각에서 비롯된 것임을, 스스로 깨닫게 될 것이다.

그대가 실재한다고 믿고 있던 상처는
따뜻한 햇살에 눈이 녹듯 사라질 것이다.

탄생과 죽음

탄생이란 무엇인가?
한바탕 꿈이 시작되는 것이다.

죽음이란 무엇인가?
다만 그 꿈이 끝나는 것일 뿐이다.

깊은 잠 속에서는 꿈이 사라지듯
생각이 없으면
몸도 없고 나도 없다.

생각과 동일시될 때,
내가 생겨나고
꿈은 펼쳐지기 시작한다.

그러므로 탄생은
단지 생각의 태어남일 뿐이다.

실제로는 아무것도 태어난 적도 없고
아무것도 죽지 않는다.

생각에 대한 맹신은 위험하다

프랑스 파리에서 발생한 풍자 전문주간지 〈샤를리에브로〉 사무실 습격 테러 사건은 생각을 맹신하는 극단주의가 어떻게 무자비한 폭력으로 나타날 수 있는가를 잘 보여준다.

열두 명을 살해하고 달아났다 사살된 세리프 쿠아치는 이라크 내 테러단체에 무장대원을 보내는 일을 돕다 체포돼 2008년 징역 1년 6개월을 선고받은 것으로 알려졌다.

이슬람 극단주의자인 그는 당시 법정에서 이라크인들이 아브그라이브 미군수용소에서 모욕적인 고문을 당하는 TV영상을 보고 분노해 테러에 가담했다고 진술한 것으로 전해진다.

개인 간의 다툼이나 국가 간의 전쟁, 또는 상이한 종교 간의 분쟁 이면에는 언제나 서로 다른 '생각'에 대한 맹신이 있다. 자기 생각이 무조건 옳다고 믿을 경우 다른 사람의 생각은 틀린 것이 된다. 그래서 급기야는 자기 생각과 다른 생각을 가진 사람들은 없어져야 한다고 믿게 되며, 마침내 그것을 행동으로 옮기게 된다.

생각에 대한 맹신이 신념信念이다. 그리고 맹목적인 신념이 바로 극단주의다. 애국심과 자기가 믿는 종교 및 종교 지도자에 대한 숭배 또한 따지고 보면 자기 생각에 대한 맹신에 지나지 않는다. 그러나 사람들은 그것이 단지 '생각'일 뿐임을 알지 못한다.

지구상의 모든 아이들은 생각이 없는, 개념으로 덧칠되지 않은 순수한 백지상태로 태어난다. 그러나 아이는 자라면서 부모와 사회에 의해 개념과 생각으로 오염된다.

"네 이름은 세리프야."
"너는 이라크인이야."
"너는 무슬림(이슬람교도)이야."
"네 이름은 존이야."
"너는 미국인이야."
"너는 기독교인이야."

아이는 이렇게 후천적으로 학습되고 주입된 생각들을 '나'로 동일시하며 성장하게 된다. 그리고 나중에 그것이 극단적으로 치달을 경우 자기 '생각'을 수호하기 위해 전쟁이나 자살테러도 마다하지 않는 테러리스트가 되기도 한다.

자기 생각에 대한 맹신이 무명無明이며, 무명 속에서는 지혜로운 행동이 나올 수가 없다. 인류 역사에 있어서 모든 전쟁과 대규모의 살육은 이 같은 어리석음 때문에 일어났고, 지금도 그 어리석음의 역사를 되풀이하고 있다.

지구상에서 테러와 전쟁, 폭력과 대규모 살육을 종식하려면, 무엇보다도 인간 개개인이 먼저 생각이 자기가 아님을 자각하고 생각에의 맹신에서 벗어나야만 한다.

생각의 맹신에서 벗어나기 위해서는 그대가 본성을 깨쳐야만 한다. 이것이 이 시대에 깨달음이 절실히 요구되고 있는 이유이다.

이미 아는 것

에고('나'라는 생각)는 생각을 먹고 산다.
그래서 에고는 항상 새로운 사실들을 알고 싶어 한다.

에고는 계속해서 생각할 이슈를 제공받아야만
존속할 수 있기 때문이다.

그래서 에고는 호기심으로 가득하며
질문을 멈추지 않는다.

에고는 왕성한 지적 탐구를 통해
모든 것을 안다고 생각할 수 있지만
그것은 다만 생각과 개념 속의 일일 뿐이다.

개념으로서의 지식이 아닌
생각 이전의
생각이 일어날 때 그것을 아는
이미 그대가 그것인 앎에 주의를 돌려라.

이미 있는 그것을
알아차리기만 하면 된다.

완벽이란

진정한 완벽이란
불완전해보이지만
완벽히 그것 자체이기 때문에
완벽한 것이다.

생각만 개입되지 않으면
모든 것은
있는 그대로 완벽하다.

안개 속에서

이상하다
안개 속을 헤매는 것은

덤불과 돌은 모두 외롭고
나무들도 서로가 보이지 않는다
모두가 다 혼자이다

나의 삶이 아직 밝았을 때는
세상은 친구로 가득 차 있었지만
그러나 이제 안개 내리니
누구 한 사람 보이지 않는다

모든 것에서, 어쩔 수 없이
사람을 조용히 떼어 놓는
어둠을 전혀 모르는 사람은
정말 현명하다 할 수가 없다

안개 속을 헤매는 것은 이상하다
살아 있다는 것은 고독하다는 것

사람들은 서로를 알지 못한다

모두가 다 혼자이다

- 헤르만 헤세, 「안개 속에선」 전문 -

누가 안개 속을 헤매는가?
누가 살아있다는 것은 고독하다고 말하는가?
사람과 사람 사이를 조용히 떼어놓는 안개란 무엇인가?

그대는 안개 속을 헤매며 외로움을 느낀다.
안개에 가려져 집들과 거리, 나무와 숲과 돌들
분주하게 오가던 사람들, 친숙했던 세상이 보이지 않는다.
한때 친밀했던 친구들과 지인들도 보이지 않는다.
그래서 그대 혼자만 외떨어져 나온 것 같은 고립감과 외로움을 느
낀다.

모든 것에서, 어쩔 수 없이
그대를 조용히 갈라놓는 안개와 같은 어둠이란 무엇인가?
무엇이 그대를 친숙했던 모든 것으로부터 떼어놓는가?
외롭다고 느끼는가?
붐비는 도시 한복판에 서있으면서도
아무도 없는 무인도에 홀로 서있는 것 같은 외로움을 느끼는가?

그대 혼자만
세상으로부터 내동댕이쳐진 것 같은 외로움을 느낄 때
조용히 돌이켜 보라.
무엇이 그대를 모든 것으로부터 떼어놓는지를⋯⋯.

세상으로부터 그대를 갈라놓는 안개와 같은 어둠은
다른 것이 아니다.
그것은 그대의 생각이다.

그대가 '나'라는 생각을 붙잡고
그것을 실재한다고 믿을 때,
그대는 모든 것으로부터 분리된다.
근원적인 고독감은 여기서 비롯된다.

'모두가 다 혼자다.'라는 생각에 붙잡힌다면
그대는 외로움에서 벗어날 수 없을 것이다.

생각을 넘어서 가라.
그 또한 그대의 생각일 뿐임을 알라.

진정한 그대는 모든 생각을 넘어서 있다.
그대가 서 있는 본래 자리엔
그대 혼자뿐이지만
그대는 외로움을 넘어서 있다.

무엇 때문인가?

존재하는 모든 것이 그대이기 때문이다.

그대 아닌 것이 없는데 어떻게 외로울 수가 있겠는가?

그대가 생각 속에 있다면

그대는 타인을 결코 알 수가 없다.

그때 그대는 안개 속을 헤매며

외로움에 몸부림칠 수밖에 없다.

안개 속을 헤매듯이

더 이상 생각 속을 헤매지 말라.

안개를 헤치고

생각을 넘어서 가라.

고립과 외로움이 없는 저 평화의 세계로

제2부

나는 누구인가

그대만이 실재다

그대가 이미 본성이면서
그것을 모른 채 본성을 깨달으려 하고 있다.

이 얼마나 우스운 일인가?

그대는 본성을 가리고 있는 무엇인가가 있으며
본성을 깨닫기 위해서는 수행을 통해 그것을 없애야 한다고 생각한다.
그래서 그대는 오랜 세월 분투하며 수행을 하지만 깨닫지 못하고 있다.

무엇이 잘못되었는가?

본성을 가리고 있는 것은 다른 것이 아니다.
깨닫고자 하는 그대의 생각이다.

그 생각은 누가 하고 있는가?
그대가 만들어낸 '나我'가 하는 것이다.

깨달으려는 그대의 모든 수행과 노력 뒤에는
'행위자로서의 나'라는 생각이 숨겨져 있다.

'나라는 생각'을 진실이라고 믿을 때
그대는 본성에서 떨어져 나와 에고가 된다.

따라서 깨달으려고 노력하는 장본인은 다름이 아닌 에고이다.
그래서 그대가 깨달으려고 하면 할수록
깨달음과는 더욱 거리가 멀어지는 것이다.

무엇 때문인가?
에고가 실재하지 않음을 아는 것이 깨달음인데
노력과 수행을 거듭할수록 에고는 더욱 강화되기 때문이다.

그러면 어떻게 해야만 할까?
어떻게 해야만 할 것은 없다.
어떻게 하려고 하면 할수록 깨달음과는 거리가 멀어진다.
어떻게 하려는 주체가 바로 에고이기 때문이다.

다만 꿰뚫어 보기만 하라.
깨닫기 위한 모든 노력과 그대의 끝없는 의문과 궁금증
나와 너, 세상, 우주, 진리, 깨달음 등을…….

그대가 알고 있고 추구하고 있는 모든 것이
다만 생각에 지나지 않는다는 것을 깨닫기만 하라.
그때 그대는 본성을 일별하게 된다.

모든 것이 생각이라면 진정한 그대는 무엇인가?
모든 것이 생각임을 아는 그대는 생각이 아니다.

그대는 순수한 알아차림이다.
그대만이 실재다.

거기가 어딘가

누가 말을 하는가?

말하는 자는 없다.
그런데도 말은 저절로 흘러나온다.

혀에서 말이 나오는 것은 아니다.
어디에서 말이 나오는가?

생각이 솟아나오는 곳에서
말도 나온다.

거기가 어딘가?

누가

그대 안의 누가 숨 쉬는가?
그대 안의 누가 생각하는가?
그대 안의 누가 말하는가?

숨은 저절로 쉬어진다.
생각은 저절로 일어난다.
말은 저절로 흘러나온다.

그대 안에서 숨 쉬고 생각하고 말하는 사람은 없다.

그런데 누가 이 모든 행위의 주체를
'나'라고 주장하는가?

그대가 '나'라고 알고 있는 행위의 주체는
다만 '생각'일 뿐이다.

숨을 쉬어도 숨 쉬는 사람은 없고
생각을 해도 생각하는 사람은 없고
말을 해도 말하는 사람은 없다.

일어나는 숨과 생각과 말을
조용히 지켜보는 앎만이 있다.

누가 삶을 살아가는가

그대는 왜 삶을 축제처럼, 놀이처럼 즐기지 못하는가?
어이하여 그토록 아파하고 고통에 신음하는가?
무엇이 그대를 올가미로 묶어서 옴짝달싹 못하게 하는가?

어차피 잠시 왔다가 다시 온 곳으로 돌아갈 목숨이라면
소풍 나온 아이처럼 지금 이 순간을 즐기지 못할 까닭이 어디 있는가?

삶을 어차피 감내해야만 하는 고역으로만 여긴다면
그대는 고통과 비탄 속에서 삶을 마감하게 될 것이다.

그러나 삶이 축제임을 알게 된다면
그대는 삶을 자유롭게 즐길 수 있게 될 것이다.

어떻게 하면 삶을 축제처럼 살 수 있을 것인가?
그것은 어렵지 않다.
'누가 삶을 살아가는가?'에 대한 해답을 찾아라.
그러면 삶은 축제가 된다.

삶이 고통스러운 이유를 그대는 아는가?

삶의 주체로서의 '나'가 있기 때문이다.

그대는 '내가 내 인생을 살아가고 있다.'고 생각한다.
그 생각은 과연 진실한가?
그대는 자신에게 진지하게 되물어 본 적이 있는가?

누가 삶을 살아가는가?
그대는 "내가 삶을 살아가고 있다."고 대답할 것이다.

그러나 그대가 말하는 '나'와 '내 삶'은 단지 그대의 생각 속에서만 존재한다.
그대는 그 생각을 실재로 알고 있을 뿐이다.

진실은 '나'와 '내 삶'이라는 것은 실재하지 않는다는 것이다.
이 단순한 진실을 발견하는 순간 그대는 무한한 자유를 얻게 된다.
그대가 자초한 삶의 모든 고통에서 해방된다.

'내가 없다'는 것을 아는 것이 진정한 자유이기 때문이다.
또한 '내가 없다'는 것을 아는 순간 역설적으로 '나' 아닌 것이 없게 된다.

그대는 꿈속에 등장하는 '나'로 알려지는 배역이 아니다.
꿈꾸는 자이자 꿈의 전부가 바로 그대이다.

마찬가지로 그대는 그대가 생각하는 삶에 등장하는 '나'가 아니다.
삶의 전부가 바로 그대이다.
그대가 바로 삶이다.

따라서 기쁜 일이든 슬픈 일이든, 좋은 일이든 나쁜 일이든
일어나는 그대로가 그대 자신의 나타남이요, 진리일 수밖에 없다.

이 진실을 발견하게 되면
내가 내 삶을 살아가는 것이 아니라 삶 자체와 하나가 된다.
삶을 살아가는 '나'는 더 이상 존재하지 않는다.

여기에 진정한 자유가 있다.
삶은 일어나는 그대로 놀이요, 축제가 된다.

그대는 한 번도 상처받은 적이 없다

그대는 상처를 받았다고 생각하는가?
그대는 진정 상처받은 적이 있는가?

그대가 어떤 굴곡진 삶을 살아왔든
누구로 인해 어떤 고통을 겪었든
진정으로 그대는 상처를 받은 적이 없다.
단지 상처받았다는 생각만 있다.

누가 상처를 주고
누가 상처를 받았는가?

진정한 그대는 상처받을 수가 없다.

그대는 상처를 받았다는 기억만 간직하고 있다.
그것은 단지 그대의 생각일 뿐이다.

상처를 주고받을 사람이 없다.
다만 그대의 생각 속에서만
가해자와 피해자가 나뉠 뿐이다.

이 사실을 깨닫는 것이
참된 용서요 진정한 치유다.

깨어나라!
그대는 한 번도 상처받은 적이 없다.

누가 소리를 듣는가

질문자: 알아차림(본성)은 어디에 있습니까? 몸 안에 있습니까, 아니면 선생님이 치시는 죽비에 있습니까?

벽 공: 알아차림을 특정한 장소에서 찾는 걸 보니 아직 알아차림이 뭔지 제대로 이해하지 못한 것 같군요,

질문자: 알아차림이 몸 안에 있기 때문에 보고 듣고 생각하고 느끼는 모든 것을 알아차릴 수 있지 않나요?

벽 공: (죽비를 친다.) 탁! 이 소리는 어디서 납니까?

질문자: 당연히 죽비에서 납니다.

벽 공: 그러면 이 소리는 어디서 알아차립니까?

질문자: 귀를 통해 뇌에서 알아차립니다. 그러므로 알아차림은 몸 안에 있는 것이 아닌가요?

벽 공: 소리를 귀를 통해 뇌가 알아차린다는 것이 확실합니까?

질문자: 학교에서 그렇게 배웠고 또 저는 그렇게 알고 있습니다만……

벽 공: 탁! 이 소리를 생각을 통해 알아차립니까, 아니면 생각이 없이도 알아차려집니까?

질문자: 생각이 없어도 저절로 알아차려집니다.

벽 공: 그렇다면 '귀를 통해 소리를 듣고 뇌가 알아차린다.'는 것은 생각이 아닌가요?

질문자: 생각이 맞습니다.

벽 공: 물론 소리에 대한 정보가 귀와 뇌를 통해 전달된다는 것은 맞지만 그것을 인식하는 것은 뇌가 아닙니다. 뇌는 인식할 수 있는 능력이 없습니다.

질문자: 그러면 무엇이 소리를 인식합니까?

벽 공: (죽비를 친다.) 탁! 지금 생각 없이도 이 소리를 알아차리는 '이 것'입니다. 이것이 알아차림입니다.
이것은 몸 안에 있습니까, 아니면 몸 밖에 있습니까?

질문자: ……. 몸 안에 있는 것 같습니다.

벽 공: 좋습니다. 그러면 한 가지 묻겠습니다. 만약 '몸'이라는 생각이 없으면, 몸 안과 몸 밖이라는 구분이 있습니까, 없습니까?

질문자: 몸이라는 생각이 없으면 안과 밖의 구분이 없습니다.

벽 공: 그렇다면 생각 없이도 소리를 알아차리는 이것은 안에 있습니까, 밖에 있습니까?

질문자: 생각이 없으면, 안과 밖을 나눌 수 없기 때문에 안에 있는 것도 밖에 있는 것도 아닙니다. 달리 말해보면 안과 밖 모두에 있습니다.

벽 공: 이제야 제대로 아셨군요. 알아차림은 개념과 생각 이전이기 때문에 어떤 구분에도 한정되지 않습니다.
탁!
지금 있는 이것은 어떤 경계도 없으며, 존재하는 모든 것과 다르지 않습니다.

누가 운명을 궁금해하는가

새해의 운수가 궁금한가?
그대는 무엇 때문에 사주와 점을 보러가는가?

액운은 피해가고
행운은 맞이하기 위함이리라.

누가 액운은 피해가고 행운은 맞으려고 하는가?
'나'이다.

누가 누구에게 다가올 일들을 궁금해하는가?
'내'가 '나'에게 다가올 일들을 알고 싶어 한다.

그대는 '나'를 본 적이 있는가?
거울이 비치는 몸이 아닌
'나'의 실체를 본 적이 있는가?

찾아보면 '나'라는 생각만 있지
'나'의 실체는 찾을 수 없다.

그렇지만 그대는 한평생을
존재 여부조차 확인할 수 없는 '나'를 위해
'내'가 잘 되기만을 오매불망 갈망하며 살아간다.

그러나 일어나는 일들은 '나'의 입맛대로
내가 원하는 대로 일어나지 않는다.
그래서 삶이 괴롭다.

이 어찌 우스운 일이 아닌가?

행운과 액운도, 행운과 액운의 주체인 '나'도
모두 생각 속의 일이며
꿈속의 일인데도
그대는 그것을 실재로 알고 집착하고 안달한다.

다가올 운명이 알고 싶다면
누가 누구에게 다가올 운명을 궁금해하는지를 되돌아보라.

'나'라는 생각이 없으면, 운명 또한 아무런 의미가 없다.
도대체 누가 누구의 운명을 알고 싶어 한다는 말인가?
'나'라는 생각이 없으면 일어나는 일 그대로
모두가 여여如如하지 않은가?

생각하는 '나'는 없다

벽 공: 마음공부는 얼마나 하셨나요?

방문자: 대학 다닐 때부터 관심을 가졌었고 별다른 수행 없이 그동안 영성관련 책들을 쭉 읽어왔습니다. 공부모임 같은 곳을 따로 다녀본 적은 없습니다.

벽 공: 어떤 책들을 주로 읽었나요?

방문자: 선생님 책을 비롯해서 이 책, 저 책 두루 읽었습니다. 선생님의 책은 전에 사서 한 번 읽고 두었는데, 며칠 전에 어떤 계기로 다시 한 번 읽어보니 가슴에 와 닿는 것이 있었습니다. 그래서 진여문 카페에 들어오게 되었고 집중견성코스를 신청하게 되었습니다.

벽 공: 제 책의 어떤 부분이 가슴에 와 닿았던가요?

방문자: 꼭 집어서 말하기는 힘들지만, 선생님이 말씀하시는 것을 개념적으로는 다 이해가 되었습니다.

벽 공: 어렴풋하게 이해는 되지만 확연하게 그것이 무엇인지는 알지 못하겠다는 말씀이군요?

방문자: 맞습니다. 아직 확연하지는 않습니다.

벽 공: 물론 제 책을 읽고서 본성을 깨쳤다고 찾아오시는 분들도 있습니다. 그렇지만 책을 통해서 깨닫기는 쉽지가 않습니다. 얼핏 눈치를 채더라도 명확히 알지 못하면 또 다시 일어나는 생각에 끌려가기 때문입니다. 그러므로 일별을 하더라도 반드시 선지식에게 확인을 받고 본성에 대한 앎을 명확하게 하는 과정이 필요합니다.

방문자: 그래서 부산까지 한걸음에 달려왔습니다.

벽 공: 좋습니다. 다른 것은 필요하지 않습니다. 지금부터 제가 하는 말을 잘 들으면서 제가 무엇을 가리키는지를 자신 속에서 스스로 알아차리면 됩니다. 주의를 집중하면 전혀 어렵지 않습니다.

테이블을 사이에 두고 마주앉아서 한 시간 정도 대화를 나누었다.

방문자: 선생님이 가리키는 것이 무엇인지 이제 알겠습니다. 이른바 생각 이전의 자리가 이것이군요? 어렴풋하던 것이 선생님의 말씀을 듣고 명확해졌습니다.

벽　공: 그 자리에서 보면, '너'와 '나'가 따로 있습니까, 없습니까?

방문자: 어떻게 따로 있을 수 있겠습니까? 일어나는 모든 일들이 이 자리를 떠나지 않는데…….

벽　공: 좋습니다. 지금부터는 새롭게 알게 된 본성자리가 이전에 알던 부분과 일치되지 않는다던지 의심스러운 부분이 있으면 질문하세요.

방문자: 생각이 잘 떠오르지가 않으니 의심스러운 질문도 별로 없는 것 같습니다.

　근처 식당에서 점심을 함께 먹고 커피숍으로 자리를 옮겨 커피 두 잔을 사이에 두고 마주앉았다. 한참을 말없이 있던 그가 입을 열었다.

방문자: 아까 밥을 먹으면서 내가 생각을 하고 있다는 생각이 들다가, 별안간 주의를 집중하니 생각이 끊어졌습니다. 생각은 내가 하는 것이 아닙니까?

벽　공: 좋은 질문입니다. 생각은 인연 따라, 연기적으로 일어나는 것일 뿐인데 '내가 생각한다.'는 생각을 덧붙이고 나서 그 생각에 속는 것입니다. 생각은 자연스럽게 일어나고 본성은 그것을 알아차리고 있을 뿐, 생각하는 '나'는 없습니다.

　점심때가 되어서 '배가 고프다.'는 생각이 일어났습니다. 연이어 '점심을 먹어야겠다.', '무엇을 먹지?', '어느 식당으로 가지?' 하는 생각들이 줄지어 일어납니다. 이 생각들은 점심시간이 되어서 육체적 허기를 느낌에 따라 저절로 일어나는 생각들이지 '내가 하는 생각'이 아니라는 것입니다. 이해가 됩니까?

방문자: 네. 잘 알겠습니다.

벽　공: 생각이 일어나면 '내가 생각한다.'는 생각 또한 저절로 무의식적으로 따라붙기 때문에 그 또한 생각임을 아는 것은 쉽지가 않습니다.

닦아야 할 것은 없다

무엇보다도 먼저
그대가 어디에 있는지
그대가 무엇인지를 알라.

닦아야 할 것은 없다.
이루어야 할 것도 없다.
얻어야 할 것도 없다.
도달해야만 할 목적지도 없다.

그대 자신이 언제나 목적지이며
도달해야만 할 곳이다.

언제나 존재하는 그대 자신이
'나'라는 생각 이전의 그대가
이 여정의 종착역이다.

그대는 이미
종착역에 서 있다.

다만 그곳이 어딘지
지금 그대가 서 있는 곳이 어디인지
그대 자신이 무엇인지
알기만 하면 된다.

그러면 그대의 고단했던 여정은
끝이 난다.

거기에
영원한 평화와
끝나지 않는 휴식이 있다.

마주보기

마주 앉은 두 연인
서로를
바라볼 때

누가
누구를 바라보는가?

무심한 여기에
누가 있는가?

보는 자도
보이는 자도 없다

있는 것은
다만 바라봄뿐

텅 빈 거울이
서로를 비출 때
안으로 투명한
하늘 하나 있을 뿐

마음은 없다

보고 듣고 느끼고 알고 행동하는 것은
저절로 일어나고 있다.

그런데도 그대는
보고 듣고 느끼고 알고 행동하는 주체를
'마음' 또는 '나'라고 막연히 생각하고 있다.

그리고 이 가상의 주체를 중심으로
모든 생각을 펼치고 있다.

그대가 짊어지고 있는 모든 불안과 근심
그로 인한 고통은 여기서 비롯된다.

마음이 없다는 것은
곧 '나'가 없다는 말과 다르지 않다.

마음 없음이 곧 '공空'이다.
마음 없음을 아는 것 또한 공이다.

마음이 없어도, 내가 없어도
봄과 들음, 느낌과 앎, 행동은 저절로 일어나고 있다.

참으로 신비롭지 않은가?

깨달음은 이 단순한 진실에
새롭게 눈을 뜨는 것이다.

누가 고통을 겪는가

질문자: 저는 죽음은 두렵지 않지만 고통은 두렵습니다. 어떻게 하면 육체적 고통에 대한 두려움에서 벗어날 수 있을까요?

벽　공: 고통의 경험이 언제부터 있었나요? 몸이 생겨나기 이전에도 있었나요?

질문자: 태어나기 이전에 어떻게 고통이 있을 수 있겠습니까?

벽　공: 그렇겠죠? 몸이 없으면 '내가 있다'는 인식마저도 없으므로 고통이 있을 수가 없겠지요. 그런데 한 가지 더 물어봅시다. 대체 고통은 누가 겪나요?

질문자: 누가 겪다니요? 당연히 몸에 통증이 있으면 고통은 '내'가 겪는 것 아니겠습니까.

벽　공: 정말인가요? 고통을 겪는 '나'라는 것이 실재하는가요?

질문자: 무슨 말씀을 하시나요? 내가 없으면 누가 고통을 겪나요?

벽　공: 그렇다면 지금 당신의 팔을 꼬집습니다. 어때요, 아픈가요?

질문자: 당연히 아프지요.

벽　공: 누가 아픔을 겪습니까?

질문자: 내가 겪습니다.

벽　공: 정말로 아픔을 겪는 '내'가 있나요? 사실은 아픔에 대한 알아
　　　차림이 있고 나서 거기다 '나는 아프다.'라는 생각을 덧붙이는
　　　것이 아닌가요?

질문자: …….

벽　공: 곰곰이 돌이켜보세요. 경험에 대한 알아차림이 있고 나서 그
　　　경험에 대해 습관적으로 '내가 경험을 한다.'라는 생각을 덧붙
　　　이지 않나요?

질문자: 말씀을 듣고 보니 그런 것 같습니다.

벽　공: 그런 것 같은 것이 아니라 실제로 그렇습니다. 그렇다면 아픔
　　　을 알아차리는 그것은 무엇일까요? 생각이 아닌 그것이 진정
　　　한 당신이 아닐까요?

질문자: 분명히 아픔을 알아차리는 것이 있긴 있는데 그것이 무엇인지는 잘 모르겠습니다.

벽 공: 그것은 대상화되지 않기 때문에 알 수가 없습니다. 이름도 없고 보이지도 않는 그것이 진정한 당신입니다. 그렇지만 진정한 당신은 경험할 수 없습니다.

질문자: 왜 그런가요?

벽 공: 경험하는 주체와 대상으로서의 경험이 나눠져야만 경험할 수 있기 때문입니다. 당신은 생각 속에서 '나'라는 주체를 만들고 그 '나'가 고통을 경험한다고 생각하고 있습니다. 따라서 '내가 아픔을 경험한다.'는 것은 생각이며, 생각이 없으면 아픔을 경험하는 '나'도 없고 따라서 '나의 아픔'이 아닌 것입니다.

질문자: 그렇다고 해서 아픔이 없는 것이 아니지 않나요?

벽 공: 자극이나 통증은 있지만 고통을 경험하는 '나'는 없습니다. 그것을 고통이라고 정의하는 생각이 없다면, 그것은 고통이 아닌 것입니다.

질문자: 왠지 궤변같이 느껴지는군요. 이렇게 고통이 뚜렷하게 느껴지는데 고통이 아니라고 하시니.

벽　공: 순간순간 연속해서 지나가는 경험의 총체가 삶입니다. 진정한 당신은 순간순간 지나가는 경험들과 다르지 않습니다. 경험은 있지만 경험자는 없기 때문입니다. 경험자가 없으면 경험은 '좋다' 또는 '싫다'고 분류할 수 없습니다. 따라서 그것은 자취를 남기지 않습니다. 고통이란 단지 불쾌한 감각일 뿐입니다. 당신이 고통을 두려워하는 것은 생각으로 그것을 '싫다'고 분류하고 배척하기 때문입니다. 생각 없이 고통을 직시해보세요. 고통이 그다지 두렵게 느껴지지 않을 것입니다. 불쾌한 감각을 고통이라고 정의내릴 때, 그것은 두려움을 불러일으키며 실제로 고통이 됩니다.

질문자: 그러면 선생님은 고통이 두렵지 않으신가요?

벽　공: 모든 경험은 지나갑니다. 영원히 지속되는 것은 없습니다. 불쾌한 감각 또한 마찬가지입니다. 당신이 만약 불쾌한 감각을 고통이라고 규정하고 두려워한다면 그것을 실체로 인정하는 것이 되며, 그래서 그것은 반복해서 당신을 괴롭힐 것입니다.

생각이 없는 깊은 잠속에서는 나도 없고 세계도 없습니다. 고통 또한 없습니다. 그래서 만약 당신에게 견딜 수 없을 만큼의 고통이 있다면 마치 잠에 빠지듯이 당신은 고통을 느낄 수 없도록 저절로 의식을 놓게 될 것입니다. 자연은 견딜 수 없을만한 고통에 대한 안전장치를 몸속에 이미 마련해 두었습니다.

꿈이 아닌 것

변화하는 모든 것들을
지켜보고 있는 그것은
변하지 않는 것이다.

오고 가는 모든 것들은
꿈과 같은 것이다.

그 꿈을 지켜보고 있는
알아차림만이
꿈이 아니다.

꿈이 아닌 것이
진정한 그대이다.

무소유 無所有

무소유無所有란 재물이나 명예 따위를 취하지 않는 것이 아니다.
본래 아무것도 진정으로 소유할 수 없음을 아는 것이 참된 무소유다.

그대의 몸도, 생명조차도 그대의 것이 아니다.
그것은 인연 따라 자연의 순리에 의해 이루어진 것이다.
그러나 사람들은 생명이 자기 것인 양 착각한다.
그래서 스스로 목숨을 버리기도 한다.

이 어찌 어리석은 행동이 아니겠는가?

나아가 그대의 자식도, 재물과 명예도 그대의 것이 아니다.
그러나 그대는 이 모든 것들이 자신의 것인 양 '생각'하고 있다.

단지 생각을 넘어가라.
그러면 그대가 소유하고 있다고 생각하는 그 어느 것도
그대의 것이 아님이 명확해진다.

분별이 없는 마음에는 소유가 없다.
그런데 하물며 어떻게 도道를 얻어서 가질 수 있겠는가?

분별없는 마음이 곧 도道요

그것이 진정한 그대이기 때문이다.

두려움은 어디서 오는가

"최근 회사 내 인사이동이 있었습니다.

제가 상사에게 특별히 부탁해서 사람들 모두가 수월하다고 하는 부서로 자리를 옮겼습니다.

금요일에 옮긴 부서에서 첫날 근무를 해보니 외부에서 전화가 아주 많이 오더라고요.

건강이 나쁘지 않은 사람에게는 그다지 부담스럽지 않은 상황이겠지만 전화를 연거푸 받으니 말을 할 때 속이 메스껍고 머리 쪽에 압박감이 느껴졌습니다.

아픈 몸을 위해 애써서 뭔가 상황을 바꿨는데, 더 안 좋은 상황으로 망쳐버린 것은 아닌가 하는 생각이 들었습니다. 반복해서 자책감이 느껴졌습니다.

그래서 앞으로 전화가 올 때마다 노이로제에 시달리게 되지 않을까 걱정이 되었습니다. 부서를 옮기기까지 했는데 결국 관두게 되지는 않을까, 눈이 계속 아파서 실명되지는 않을까, 온갖 두려움들이 쉴 새 없이 올라옵니다.

알아차리자. 지금 이 순간만 바라보자. 그러면서 순간순간 넘기고 있지만 정말이지 너무나 힘이 듭니다. 지금의 삶이 너무 가혹하게 느껴집니다. 매일 아프니 어떻게 해야 할지를 모르겠어요.

매일이어도 아픈 것은 매번 순간, 순간인 거겠지요?

선생님과 도반들이 들려주는 얘기들이 어떨 때는 분명 힘이 되고 도움이 되는데, 상황이 바뀌지 않으니 두려운 생각들과 감정들이 반복해서 올라옵니다.

가장 두려운 생각은 지난 4년 동안 불안에 시달리다가 결국 이런 증상까지 생기고 앞으로도 나는 생각에서 자유로워지지 못해 이런 경험을 몇 번 하다가 결국은 심장마비로 죽는 것은 아닌가 하는 것입니다.”

까닭 모를 육체적 통증과 이에 대한 두려운 생각 때문에 고통을 겪고 있는 어떤 이가 보내온 메시지 내용이다.

그는 실제로 눈과 가슴에서 육체적 통증은 느껴지지만 병원에서 검사를 받으면 매번 가벼운 위염 이외는 몸에는 별 이상이 없는 것으로 나온다고 했다. 그래서 통증으로부터 벗어나고자 발버둥 쳐보지만 나아지지는 않고 급기야는 이러다가 잘못될 수도 있다는 두려움에 휩싸이게 된다는 고백이었다.

그가 느끼는 육체적 통증은 어디서 연유한 것일까?

"그래서 앞으로 전화가 올 때마다 노이로제에 시달리게 되지 않을까 걱정이 되었습니다. 부서를 옮기기까지 했는데 결국 관두게 되지는 않을까, 눈이 계속 아파서 실명되지는 않을까, 온갖 두려움들이 쉴 새 없이 올라옵니다."

그가 보내온 메시지에서도 알 수 있듯이 그는 아직 일어나지 않은 육체적 이상 증세가 자신에게 일어날 것이라고 미리 상상하고 그 생각에 사로잡혀 있음을 알 수 있다. 그래서 그 생각을 떨쳐버리려고 하지만 그 노력 자체가 잘못될지도 모른다는 두려움을 오히려 지속시키는 촉매가 되고 있다.

살아가면서 우리가 느끼는 두려움과 불안은 어디서 오는가?
단적으로 말하면 그것은 몸과 생각의 동일시에서 온다.

눈으로 볼 수 있고, 현상적으로 생로병사를 겪는 것은 몸이다.
그러나 우리의 참존재는 생로병사를 겪지 않는다.

몸은 부모의 정자와 난자가 만나서 발생했고 또 음식물을 지속적으로 섭취하지 않으면 존속될 수가 없다. 여러 가지 인연들이 만나서 이루어진 몸은 그 인연이 다하면 사라지는 것으로 자체성이 없다.

그러나 그대는 자라면서 부지불식간에 몸을 자신으로 알도록 주입되었고 교육받아 왔다. 따라서 몸과의 동일시는 오랜 세월 동안 형성된 것으로 무의식에 깊이 뿌리를 내리고 있다.

그대가 느끼는 모든 두려움과 불안은 몸과의 동일시에서 온다.

몸이 늙고 병들어 언젠가는 사라질 것이라는 생각이 죽음에 대한 두려움을 불러오며, 몸이 필요로 하는, 먹고 입고 거주할 곳이 부족하게 될지도 모른다는 생각이 불안감을 가중시킨다.

메시지의 주인공이 느끼는 두려움 또한 과도한 몸과의 동일시에서 오는 것이다.

물론 몸과의 동일시가 전적으로 잘못된 것은 아니다. 몸과의 동일시가 있어야 우리는 활동할 수 있고 음식물을 먹을 수도 있다. 또한 몸이 없으면 의식은 스스로 존재함을 인식할 수 없다.

그러나 몸은 내가 사용하는 도구이지, 그것이 내가 아님을 알아야만 한다. 이것을 깨닫는 것이 바로 마음공부다.

'몸이 곧 나라고 아는 몸과의 동일시가 과도할 경우 몸에 아직 일어나지 않은 일들을 미리 예단하고 걱정함으로써 쓸데없는 두려움을 불러온다. '몸이 나'라는 생각이 곧 에고이며, 모든 두려움과 불안은 곧 이 에고 중심적인 생각에서 나온다.

생각은 모든 것을 만들어낼 수 있다. 즐거움은 물론 고통 또한 생각이 만들어낸다. 잠시 두려운 생각을 하기만 해도 몸은 아드레날린을 방출하고 그에 따른 부정적인 신체적 영향이 그대로 나타난다.

따라서 자신의 몸이 잘못될지도 모른다는 두려운 생각에 과도하게 집착할 경우 그것은 실제로 신체적 통증으로 전이되어 나타날 수가 있다. 그러나 그 통증은 생각이 만들어내는 것이기 때문에 병원의 검진을 통해서는 그 원인이 발견되지 않는다.

메시지의 주인공도 자신의 몸이 잘못될지도 모른다는 잘못된 믿음에, 피해망상에 사로잡혀 있다. 문제는 이 사실을 알고 있더라도 자신의 의지와 노력으로 몸과의 동일시에서, 두려운 생각에서 벗어날 수 없다는 데 있다.

그가 지금 빠져있는 늪에서 벗어날 수 있는 방법은 없을까?

있다!
자기 존재에 대한 인식의 전환이 그를 두려운 생각에서, 그 생각이 불러오는 육체적 고통에서 빠져나오게 할 수 있다.

'나는 몸이 아니라 몸을 부리는 앎이자 각성'임을 자각함으로써 두려운 생각에서 벗어날 수 있으며, 또 그 생각이 불러오는 육체적 통증에서 헤어날 수 있다.

구름 위의 대화

"이번에도 제가 깨닫지 못하면 자살이라도 해야만 할 것 같습니다. 이번에 뉴욕까지 선생님을 따라온 것도 그 때문입니다."

뉴욕 여행에 동행한 그녀는 맨하탄 섬을 한 바퀴 도는 크루즈 여행 선상에서 바깥 경치구경도 잊은 채 사뭇 비장한 목소리로 말했다.

"깨달음은 얻을 수 있는 것이 아니라오. 왜냐하면 그대는 이미 깨달아 있기 때문이오. 다만 아직 그대가 찾고 있는 그 깨달음이 그대의 존재 자체임을 알지 못하고 있어요. 그래서 그렇게 깨달음을 찾아서 헤매고 있는 것이라오. 그냥 지금 이 순간의 여행을 즐기세요. 그러다 보면 한순간 돌이켜 자신이 무엇인지 알아차릴 수 있을 것이오."

우울증에다 자신감 결여로 인해 지난 8년 동안을 방에만 틀어박혀서 지냈다는 그녀. 그동안 여러 영성단체들을 전전하며 갖가지 수행법들을 섭렵해왔지만 불안함과 우울함은 조금도 가시지 않았다고 털어놓았다. 자아에 대한 지나친 집착이 급기야 육체로까지 전이되어 과도한 건강 염려증으로 발전해 그녀를 괴롭히고 있었다.

기회가 있을 때 그녀와 몇 차례 대화를 나누었다.

그녀는 내가 하는 말이나 진여문 카페의 글들을 이론적으로 모두 이해한다고 했다. 그러나 '내가 없다.'는 말이 무엇을 가리키는지는 아직은 모르겠다고 고백했다.

그녀는 자신의 문제가 진정 어디에 있음을 아직 분명하게 보지 못하고 있었다.

그녀가 직면한 문제의 원인은 단지 하나였다.

그녀가 붙잡고 집착하고 있는 '자아상', 즉 '나'라는 것이 단지 자신에 대한 이미지와 생각일 뿐이라는 사실을 아직 모르고 있었다.

그녀가 하는 말을 들어보면, 지금 직면하고 있는 모든 문제가 에고 때문에 빚어진 일임이 확연한데도 정작 자신은 그것을 모르고 있었다. 그만큼 에고에 과도하게 집착하고 있었던 것이다. 그래서 진정한 중심이 없었다.

누구에게 어떤 말을 들으면 그 말에 끌려가고, 어떤 책에서 또 다른 글을 읽으면 그 글을 따라가서 헤매고 있었다.

그것은 당연한 일이다. 참나를 깨닫지 못하면 어느 누구나 한 곳에 뿌리박지 못한 부초처럼 떠돌기 마련이다. 그래서 불안과 두려움으로부터 벗어날 수가 없다.

뉴욕에서 귀국하기 전날까지 "나는 깨닫지 못했다."를 입버릇처럼 반복하던 그녀. 귀국길에 뉴욕에서 디트로이트까지 가는 비행기 안에서 혼자 쉬겠다며 지정석이 아닌 일행과 떨어진 빈 좌석에 혼자 앉아 있던 그녀가 무슨 마음이 들었는지 내 옆자리에 앉았다.

구름 위의 대화가 시작되었다.

비행 고도가 높아지자 비행기 소음에 귀는 멍멍거리고 상대방의 목소리도 잘 들리지 않았다.

그녀의 고질병은 너무 쉽고 빠르게 생각과 동일시되어 생각을 따라가는 버릇임을 익히 알고 있었다.

대화 중에 그녀가 생각을 따라가려고 하는 순간 재빨리 그것을 끊어버렸다. 30여 분 동안 대화를 계속하면서 반복해서 생각을 따라가지 못하도록 막아버리면서 생각을 알아차리는 그놈을 알아차리도록 이끌었다.

한동안 멍하니 있던 그녀.

"그동안 알고 있던 '나'는 결국 내 생각이었을 뿐이었군요. 왜 그것을 몰랐을까요?"

자기 존재에 대한 알아차림이 있고 난 뒤, 그녀는 마치 고해성사를 하는 것처럼 그동안 자신이 집착해왔던 고정관념들을 내려놓기 시작했다. 한 번의 알아차림은 그동안 그녀가 다른 사람으로부터 듣고 책에서 읽어왔던 모든 것들을 한 줄로 꿰면서 재빠르게 정리하고 있었다.

"정말 아무 문제도 없는데 그동안 왜 그렇게 문제를 만들어서 고민해왔을까요? 본래부터 모든 것이 이토록 완전한데……."

인천공항에서 헤어지면서 그녀의 얼굴을 보니 들뜸과 불안은 사라지고 환하게 빛이 나고 있었다.

"이제 집에 돌아가면 푹 쉬고 나서 새로운 삶을 시작하겠습니다."

깨달음이란

깨달음이란
어떤 특별한 마음의 상태에
도달하기 위한 수단이 아니다.

이미 그대가 있는 곳에
지금 있는 그대로의 그대 자신으로
있을 수 있도록 허용하는
존재에 대한 자각일 뿐이다.

그러므로 깨닫기 위해서
애써 성취해야만 할 것도
도달해야만 할 곳도 없다.

빛과 어둠

마음은 그 속에 온갖 지혜를 다 담고 있으나
마음 스스로가 자체를 보기 전까지는
어리석기가 끝이 없다.

마음이 마음을 알지 못하는 것이 어둠인데
그 어둠 때문에, 어리석음 때문에
스스로 지어내는 생각과 감정에 속아서
미망 속을 헤매게 된다.

마음은 모든 것을 밝히는 빛이지만
스스로를 밝히지 못하면
오히려 그것이 스스로를 가리는 어둠이 된다.

신비롭구나, 마음이여!
일체의 근원인 마음이여!
마음을 떠나서 다른 것이 없어라!

제3부

견성은 공부의
시작이다

'나'라는 생각은 왜 일어날까

생각과 감정, 다섯 가지 감각 등 알려지는 모든 것은 대상이다.

순수의식인 알아차림은 의도하지 않아도 자연스럽게 이 모든 대상들을 알아차리고 있다. 알아차림은 어떤 내용물도 없는 순수하고 투명한 의식이며, 단순한 자각이다.

알아차림은 나눌 수 없는 전체이기 때문에 오직 '하나'뿐이고 '둘'이 없다. 그러나 알아차림이 대상을 개념적으로 인지하기 위해서는 반드시 주체와 객체로 나눠져야만 한다.

우리가 무엇을 '안다'는 것은 반드시 개념적인 비교를 통해서 이루어지며, 따라서 낱낱이 분별되는 인식은 어디까지나 상대적이어야만 가능하다.

알아차림이 대상을 인지할 때, 상대적인 비교를 위해서는 먼저 대상과 비교할 수 있는 의식의 기준축이 필요하다. 이 기준축이 주체가 되며, 대상은 객체가 된다. 따라서 주체와 객체는 언제나 동시에 생겨나게 된다. 그러나 실제로는 주체와 객체는 별개의 것이 아니라 동일한 순수의식 상에 있다.

알아차림의 주의注意가 대상을 향할 때, 주의가 시작되는 지점이 비교의 기준축인 주체가 되며, 주의의 초점이 향하는 대상이 객체가 된다. 따라서 감각적 체험에서는 주의 시작점인 감각기관이 있는 몸이 주체가 되고 외부의 감각대상이 객체가 된다.

우리가 몸을 '나'라고 여기는 에고의식은 어릴 때부터의 오랜 시간 동안의 감각체험의 결과물이다. 몸과의 동일시는 워낙 무의식 속에 뿌리 깊게 박혀 있기 때문에 몸이 '나'라고 하는 생각을 좀처럼 떨쳐버리기 어려운 것이다.

한편 생각과 감정은 몸을 기준으로 한 외부 공간이 아닌(이조차도 동일한 의식 위에서 일어나는 일이지만) 내면의 의식(굳이 분리한다면)에서 일어나는 대상이다. 생각이나 감정이 일어날 때, 주의의 시작점이자 기준축을 자각하지 못하면 곧바로 생각이나 감정과 동일시되고 만다.
그것은 왜 그럴까?

생각이나 감정을 알아차린다는 것은 순수의식의 주의가 대상인 생각이나 감정을 지향한다는 것을 자각하는 것이요, 이때는 주의의 시작점과 지향점이 분리되기 때문이다. 따라서 생각과 감정에 대한 동일시가 일어나지 않게 된다.

이 같은 메커니즘을 마음공부에 응용한 것이 바로 위파사나 수행이다.
그러나 이때는 생각과 감정과의 동일시는 일어나지 않지만 또 다른 문제에 봉착하게 된다.

그것은 어떤 문제인가?

순수의식의 주의 시작점은 대상인 생각과 감정을 인지하기 위한 순수의식상의 가상의 기준점이지만, 그것을 주체로 실체시한다는 것이다. 다시 말하면 대상을 인지하기 위한 가상의 주체인 주의 시작점을 '나'와 동일시하게 된다는 것이다.

그래서 사람들은 생각이 일어나면 다만 그 생각이 알아차려질 뿐인데도 그것을 '내가 생각한다.'고 여긴다. 여기서 '생각하는 나'라는 환상에 사로잡히게 된다.

따라서 에고, 즉 '나'라는 생각은 순수의식이 대상을 인지하기 위해 주관과 객관이 상대적으로 분리될 때, 이것이 동일한 의식상에서 일어나는 가상적인 분리임을 똑바로 보지 못하는 인식상의 습관적인 착오에서 파생된 것이라고 말할 수 있다.

뿌리 깊은 에고의식의 환영에서 벗어나기 위해서는 이와 같은 인식의 과정을 깊이 꿰뚫어 보는 동시에 무엇보다도 주관과 객관이 분리되기 이전의, 다시 말하면 생각 이전의 한마음을, 순수의식을 직접적으로 알아차리는 것이 필요한 것은 두말할 필요도 없다.

견성은 공부의 시작이다

서울에서 부산에 도착하자마자 문자가 왔다.
저번 토요일 부산법회에 처음으로 참석한 분이 보낸 것이었다.

"선생님 안녕하세요?
저번 토요일 부산에서 찾아뵈었던 김○○입니다.

깨침이 무엇인지, 참나가 무엇인지 알게 되어 너무 기쁩니다. 선생님
께 거듭 감사드립니다.
그날 전에는 선생님의 책을 읽으면서 알듯 말듯 너무 답답했는데,
다시 책을 읽어보니 이제 확연히 알겠습니다.
그리고 내면의 고요함도 알겠습니다.

그러나 무의식적으로 에고에 끌려가는 나를 어떻게 막아야만 합니까?
계속 이건 생각일 뿐이라 자각하면 되는지, 아니면 다른 노력이 필
요한지 궁금합니다.

감사합니다."
답장을 보냈다.

"초견성을 했지만 아직 본성자리가 힘을 받지 못한 상태에서 생각의 관성에 끌려가기 때문에 다시 에고적 관점으로 되돌아가는 것입니다.

이 과정은 자신이 의식하지 못하는 상태에서 일어나기 때문에 혼자 있게 되면 다시 예전의 생각의 습관 속으로 돌아가게 됩니다.

그러므로 견성 이후에도 정기적인 법회에 빠지지 않고 참석하는 것이 가장 빠르고 좋은 공부 방법입니다."

마음공부의 장애는

마음공부를 지속적으로 해나가는 데 가장 큰 장애물은 '생각하는 마음'이다.

공부를 하다 보면 이제까지와는 다른 내면적인 색다른 체험을 하게 될 수도 있고 확연한 이해를 통해 자신도 이제 본성을 안다는 느낌이 들 수도 있다.

그래서 그대는 이제 어떤 특별한 경지에 도달했다고 생각할 수 있다. 나아가 "나도 이제 깨달았노라."고 공공연히 사람들에게 이야기하고 다닐 수도 있다.

에고는 그것이 무엇이든 간에, 이 특별한 느낌이나 '경지'를 자신이 성취한 공로로 생각하고 그것에 대한 소유권을 주장하고 싶어 한다. 그러나 이러한 에고의 꼬임에 속아 넘어가는 순간 그대의 공부는 오히려 퇴보하게 된다.

만약 그대가 이러한 상황에 처해있다면, 그대는 모든 것을 명확하게 볼 수 없게 된다.

그동안 개발되어 왔던 명료한 통찰력마저도 흐려지게 되며, 그래서 스스로는 돌아보지 않고 다른 사람의 공부 깊이를 가늠하는 아만에 떨어지게 된다.

그러므로 이 공부의 성취와 관련해서 은연중에 따라붙는 '나', '내가', '내 것'과 같은 생각들은 그대를 진정한 깨달음에서 멀어지게 하는, 무의식적이며 습관적인 생각의 흐름일 뿐임을 명심해야만 한다.

만약 그렇지 않을 경우 그대는 이른바 '깨달은 에고'라는 또 하나의 망상에 붙잡히게 되며, 이는 오히려 '깨닫지 못한 에고'보다 더 진리에서 멀어지게 된다.

또 다른 케이스는 공부에 아무런 진전이 없는 것처럼 느껴지는 경우다. 오랜 세월 동안 공부에 매진해왔지만 그동안 아무것도 이루지 못했다는 생각이 들 수도 있다.

기대하고 바라던 일들이 일어나지 않았으며, 그래서 지치고 '내가 이짓을 왜 하고 있나?' 하는 생각이 들 수도 있다. 그러나 이 또한 지나가는 '한 생각'일 뿐이다.

지루함이나 아무것도 이루지 못했다는 느낌이 잘못된 것은 아니다. 이 공부는 자신이 의식하지 못하는 가운데 깊어지다가 어느 순간 확연한 진전을 눈치 채기도 하기 때문이다.

이 길을 가는 사람들이 경계해야만 할 것은 지나가는 경험이나 생각들에 집착해 그것을 부풀려서 특별한 자신의 것인 양 믿는 것이다.

경험이나 생각은 머물러 있지 않는다. 그것은 왔다가 간다.

그러나 본성은 오는 것도, 가는 것도 아니며, 스쳐가는 모든 경험들과 생각들을 다만 지켜볼 뿐이다.

본성에는 '나'가 붙을 자리가 없다.

경계에 현혹되지 말라

"본성을 자각하면 그야말로 황홀감에 젖게 됩니다."
서울 법회에서 자주 듣는 말이다.

생각에 휘둘림을 받다가 고요한 본성자리가 드러나면 상대적으로 번뇌에서 벗어나 안온함과 행복감을 느끼게 되기 때문에 그렇게 느껴질 수도 있다.

지복감이나 황홀감을 느끼는 것은 의식이 깨어나면서 거쳐 가는 과정이다.
도취감이나 행복감을 느끼는 것이 잘못되었다는 것은 아니다.

그러나 이 단계에서 정체해버리면 완전한 깨달음에 도달할 수 없다.
경계를 깨달음으로 착각하고 경계에 집착해 그 상태에 머물러야 하기 때문이다.

그러므로 황홀감이나 특별한 느낌도 깨달음에 장애가 됨을 알아야만 한다.
왜 그런가?

황홀감을 느낀다는 것은 아직 이원성 속에 빠져있기 때문이다.

다시 말하면, '느끼는 나'와 대상으로서의 '지복감'이 주체와 객체로 나눠져 있다는 것이다.

그것이 무엇이든 대상은 실체가 아니다.

대상은 왔다가 간다.

황홀감에 집착한다면, 그것이 자신의 의도와 상관없이 사라졌을 때 그대는 다시 또 그것을 찾게 될 것이다.

그러면 그대는 여전히 황홀감에 묶여있는 것이다.

그리고 '느끼는 나'가 있다는 것은 여전히 에고의식에 머물러 있다는 반증이기도 하다.

그러면 어떻게 해야 할까?

어떤 특별한 느낌이나 황홀감이 느껴지더라도 거기서 머물려고 해서는 안 된다.

아무런 맛은 없지만 고요함이 충만한 다음 단계로 넘어가야만 한다.

그 고요함은 어떤 느낌이나 행복감보다도 더 높은 차원이다.

고요하면서도 무색, 무미, 무취가 본성의 맛이다.

그 속에서는 '느끼는 자'도, '즐기는 자'도 없다.

대상으로서의 느낌과 주체로서의 느끼는 자가 사라질 때, 그대는 자신이 언제나 고요함이며, 순수의식이라는 것을 알게 된다.

말에 속지 말라

대개 보면 초견성을 한 사람들도 본성이 '알아차림'이라는 말에 쉽게 속아 넘어 간다.

무엇 때문인가?

'알아차림'이라는 말뜻을 따라가서 의식의 경계를 알아차리는 것이 알아차림이라고 오해하기 때문이다.

이렇게 되면 알아차리는 주체와 알아차려지는 대상이 둘로 나눠지게 되며, 여전히 생각의 이원적 구조에서 벗어날 수 없다.

그래서 초견성 이후에도 여전히 경계를 지속적으로 알아차리는 것이 '알아차림'이라고 착각하게 된다. 따라서 '어떻게 하면 알아차리는 시간을 더욱 연장할 수 있을까?' 하고 고심하고 있음을 본다.

알아차림을 '경계를 인식하는 것'으로 알고 있다면, 아직 본성이 무엇인지 명확한 안목이 열리지 못한 것이다.

알아차림은 의식의 경계를 인식하는 것이 아니다. 만약 그대가 알아차림을 의도적으로 경계를 지속적으로 알아차리는 것으로 알고 있다면, 그 생각은 여전히 에고에서 나오는 것임을 자각해야만 한다.

알아차림은 말이 '알아차림'이지 좀 더 정확하게 표현하자면 다만 '비춤'의 성품일 뿐이다.

비춤은 주체와 대상이 나눠지지 않는 '앎'이다.
다시 말하면 '무분별지無分別智'가 바로 알아차림이요, 비춤이다.

지금 당장 생각을 멈추고 탁상 위의 물 잔을 바라보라.
그것은 눈앞에 나타나 보이기는 하지만, 물 잔으로서 배경과 분리된 독립된 물체로서 인식되지 않을 것이다. 뿐만 아니라 '아는 자'도 '알려지는 대상'도 없다.

이것이 바로 '알아차림'이며 '비춤'인 것이다.

알아차림(본성)은 원래 누구에게나 완전하게 갖춰져 있는 것이다.
의도하지 않아도 노력하지 않아도 알아차림은 모든 경계를 거울처럼 비추고 있다.
따라서 노력한다고 알아차림이 더 명확하고 완전해지는 것이 아니다.

다만 생각과 동일시되어 생각의 이원적 구조 속으로 자기도 모르게 끌려갈 때, '알아차림이 희미해져서 다시 밝혀야만 하겠다.'는 생각에 속게 되는 것이다.

따라서 알아차림을 강화하려는 의도 자체가 생각임을 분명하게 보기만 한다면, 더 이상의 노력은 필요하지 않다.

관문 통과하기

질문자: 생각 이전에 순수한 알아차림이 있다는 것을 알겠습니다. 또 그것이 모든 것을 보고 듣고 냄새 맡고 맛보고 피부로 느끼고 있으며, 생각과 감정이 일어났다 사라지는 것을 알아차린다는 것을 알 것 같습니다. 그런데 왜 저는 그 알아차림이 진정한 '나'라고 여겨지지가 않을까요?

알아차림은 아무것도 아닌 것처럼 여겨지는 반면에 눈에 보이는 몸과 생각, 감정은 너무나 생생하게 나 자신인 것처럼 느껴집니다. 그런데 그것이 내가 아니라고 하시니…….

벽 공: 이 공부는 늘 있고 언제나 변하지 않는 참나를 발견하는 과정입니다. 몸과 생각, 감정은 언제나 변하지 않습니까? 잠을 잘 때 몸은 어디에 있습니까? 그리고 생각과 감정은 끊임없이 나타났다가 사라지지 않나요?"

질문자: 잠을 잘 때는 몸은 사라집니다. 그리고 생각과 감정은 끊임없이 생겨났다가 사라집니다.

벽 공: 당신이 이미 알고 있듯이 몸, 생각, 감정은 고정되어있는 것이

아니라 언제나 가변적입니다. 몸의 세포 또한 일정한 기간이 지나면 기존의 것은 모두 소멸되고 새로운 것으로 교체됩니다. 다시 말하면 어린 시절의 몸은 이미 지금의 몸이 아닌 것이지요. 생각과 감정은 몸보다 더욱 변화무쌍하지 않나요? 끊임없이 생겨났다가 사라집니다. 그리고 몸, 생각, 감정은 알아차려지는 대상이지 아는 주체가 아니지 않나요? 그러면 무엇이 진정한 당신입니까?

질문자: 앞에서도 얘기했지만, 생각 이전에 순수한 알아차림이 있다는 것을 알겠습니다. 또 그것이 모든 것을 보고 듣고 냄새 맡고 맛보고 피부로 느끼고 있으며, 생각과 감정이 일어났다 사라지는 것을 알아차린다는 것을 이해합니다. 그런데 왜 그 알아차림이 참나라는 확신이 들지가 않을까요?

벽 공: 알아차림은 아무것도 아닌 것처럼 여겨지기 때문에 지금까지 세상의 중심으로 알고 살아온 자신이 아무것도 아니라는 사실을 받아들이려고 하지 않기 때문입니다. 다시 말하면 '자아상', 즉 에고에 대한 집착이 스스로를 놓고 싶어 하지 않기 때문입니다.

질문자: 그러면 저 같은 경우는 어떻게 하면 좋습니까?

벽 공: 어떻게 해야만 할 것은 없습니다. 지금 당신은 이성적으로는 생각 이전의 순수한 알아차림이 참나라는 것을 이해하고 있습

니다. 그런데 기존의 에고에 대한 집착이 알아차림이 참나라는 명백한 진실을 받아들이기를 거부하고 있는 것뿐이죠. 지금까지 습관적으로 집착해온 자아상을 내려놓고 새롭게 알게 된 '알아차림이 참나'라는 명백한 진실을 받아들이는 순간 당신 자체가 알아차림이 됩니다.

다시 말하면, 아무것도 아닌 알아차림을 참나로 동일시하라는 말입니다. 당신의 본질은 사실 단지 아무것도 아닌 알아차림일 뿐이기 때문에, 동일시하는 그것이 당신이 됩니다.

지금의 당신은 몸과 생각, 감정을 자신으로 동일시해왔기 때문에 에고로서의 삶을 살고 있는 것입니다. 따라서 알아차림을 자신으로 동일시하여 조금의 의심도 없게 된다면, 어느 순간 그대 자신이 알아차림이 됩니다. 알아차림이 무아無我인 동시에 참나입니다.

알아차림과 동일시

질문자: 생각 이전의 본성자리를 얼핏 보긴 보았지만, 나 자신도 모르게 자꾸만 생각에 빠져들어 생각과 동일시됩니다. 무엇이 잘못된 것입니까?

벽 공: 잘못된 것은 없습니다. 초견성 이후에도 생각은 계속해서 일어납니다. 몸으로 생존하는 동안은 생각이 완전히 사라질 수 없습니다. 핵심은 생각이 일어나지 않게 하는 것이 아니라 생각과 동일시가 되지 않는 것입니다.

질문자: 어떻게 하면 생각과 동일시되지 않을 수 있습니까?

벽 공: 다른 방법은 없습니다. 본성인 알아차림이 스스로를 알아차려서 밝아지는 방법밖에 없습니다.

질문자: 알아차림이 밝아지는 것이 어떻게 생각과의 동일시를 막을 수 있습니까?

벽 공: 생각과의 동일시는 당신 자신이기도 한 알아차림이 스스로를 자각하지 못하기 때문에 발생합니다. 따라서 알아차림이 밝아

져서 스스로를 자각하면 생각은 알아차림의 대상이 됩니다. 그래서 당신과 생각 사이의 거리가 생기게 되면 저절로 생각과의 동일시가 사라지게 되는 것입니다.

질문자: 저의 경우는 알아차림이 무엇인지 눈치를 챘지만 아직 분명하게 자각되지가 않습니다. 그래서 쉽게 다시 생각과의 동일시에 빠지게 되는 것입니까?

벽 공: 당신은 오랜 세월 동안 생각과 동일시되어 생각이 자신인 줄 알고 살아왔습니다. 따라서 당신이 비록 잠깐 동안 본성을 보았다고 하더라도 생각의 관성 때문에 쉽게 생각과의 동일시에 빠지게 되는 것입니다. 아직까지는 본성자리에는 낯설고 생각에는 익숙한 것이지요.

질문자: 그러면 어떻게 하루 24시간 생각과 동일시되지 않고 알아차림을 유지할 수가 있습니까?

벽 공: 알아차림은 당신이 노력하든 노력하지 않든, 의도하든 의도하지 않든 하루 24시간 지속되고 있습니다. 다시 말하면 생각과 동일시가 되든 되지 않든, 생시에도, 꿈속에서도, 잠속에서도 여일하게 모든 것을 알아차리고 있습니다.

질문자: 그렇다면 저는 왜 알아차림을 놓치고 있다는 생각이 들까요?

벽 공: 무의식적으로 생각의 관성에 휩쓸려 생각을 따라가기 때문입니다. 그러나 당신이 알아차림을 놓치고 있다는 생각이 든다는 것은 이미 알아차림이 밝아지기 시작했다는 반증입니다. 따라서 일별 후에 자신도 모르게 생각과 동일시되는 것을 크게 걱정할 필요는 없습니다. 때때로 생각과 동일시되다가도 그 사실을 알아차리는 것을 반복하다 보면 본성은 저절로 밝아지게 되기 때문입니다.

질문자: 그러면 하루 24시간 생각과 동일시되지 않고 깨어있는 것이 완전한 깨달음입니까?

벽 공: 우선 당신이 알아야만 할 것은 동일시가 우리의 삶에서 완전히 배격해야만 하는 적이 아니라는 사실입니다. 동일시는 우리의 의식이 대상을 인식하기 위해 필요로 하는 인식의 중심축을 형성하는데 있어 꼭 필요한 것이기 때문입니다. 동일시에 의해 '나'라는 생각, 즉 에고도 생겨나게 됩니다.

다시 말하면 동일시가 없다면 우리는 아무것도 인식할 수 없으며, 따라서 현상세계에서의 삶도 불가능하게 됩니다. 문제는 동일시가 일어나는 메커니즘을 완전히 이해하지 못하면, 동일시에 의해 일어나는 가상적 인식의 축인 에고를 자기존재로 오인하게 된다는 것입니다.

따라서 동일시되는 메커니즘을 알고서 에고를 사용하는 것은 아무런 문제가 되지 않습니다. 현상세계는 어차피 의식상에 존재하는 가상의 연극무대와 같습니다. 달리 비유하자면 현상세계는 PC게임과도 같은 것이며, 에고는 PC게임 속의 아바타와 같다고나 할까요. 아바타를 자신과 동일시하지 않으면 게임을 할 수 없는 것처럼 에고와 동일시하지 않으면 현상세계에서의 삶도 불가능하게 됩니다. 따라서 동일시 또한 현상세계라는 가상의 연극무대를 즐기기 위해서는 반드시 필요한 것입니다.

그러므로 하루 24시간 내내 생각과 동일시되지 않는 것이 완전한 깨달음이 아닙니다. 그것은 죽어있는 깨달음입니다. 동일시의 메커니즘을 알면서 필요할 때 자유롭게 동일시를 사용할 줄 아는 것이 진정한 깨달음입니다. 꿈을 꿈인 줄 알면서 자유롭게 꿈꿀 줄 아는 것이 진정한 자유인입니다.

마지막 관문

초견성을 하고 나서 대부분의 사람들은 자신이 경험한 체험에 사로잡힌다.

다시 말하면 '내가 깨달았다.' 또는 '내가 본성체험을 했다.'고 생각하는 것이다.

그러나 본성체험은 개념화 과정, 즉 생각의 구조를 통해 경험하는 체험이 아니다.

본성이, 알아차림이 생각 없이 즉각적으로 스스로를 자각하는 앎이다.

따라서 견성의 순간엔 일시적으로 생각의 이원적인 구조가 붕괴되고 생각이 끊어지게 된다. 주관과 객관이 나눠지지 않는, 한바탕의 생각이전의 자리가 드러나게 되는 것이다.

그래서 견성은 대개 낯설고 비일상적인 체험으로 기억에 남게 된다.

그러나 그 순간이 지나고 나면 다시 생각이 흐르게 되고 이전의 일상적인 의식인 생각으로 되돌아오게 된다.

견성 체험 시 본성자리에 대한 분명한 자각과 앎이 없으면 대부분의 경우 이전의 생각하는 습성으로 되돌아갈 때, 다시 생각과 동일시되고 만다. 따라서 기억 속에서 견성시의 비일상적인 의식체험을 떠올리면서 '내가 깨달았다.' 또는 '내가 견성체험을 했다.'라고 생각하게 되는 것이다.

깨달음은 행위의 주체로서의 '나'가 존재하지 않음을, '나'라는 주체가 단지 생각일 뿐이라는 것을 자각함으로써 일어나는 의식의 전환이다. 그런데 생각과 동일시되어서 생각의 이원적인 구조에서 벗어나지 못하면 언제나 '나'라는 행위의 주체가 따라붙게 된다.

그래서 견성체험 이후에도 '내가 깨달았다.'는 생각에 붙잡히게 되는 것이다. 그러나 이 같은 과정은 수십 년간 살아오면서 쌓아온 생각하는 습관 때문에 무의식에 깊숙이 뿌리를 내리고 있고 습관적으로 순식간에 진행되기 때문에 본인은 알아차리기가 어렵다.

초견성을 체험한 대부분의 구도자들이 빠져있는 함정이 바로 이 부분이다. 다른 모든 대상들이 허깨비인 줄은 알지만, 그 체험을 한 '나'는 허상인 줄을 모르는 것이다.

마음공부가 이 단계에 머물러 있어서는 결코 고통으로부터 벗어날 수가 없다. 행위의 주체가, 깨달음의 주체가 자기라고 착각하는 동안은 생각으로부터 벗어날 수 없으며, 저 언덕으로 넘어갈 수가 없다.

그러면 진정한 그대는 무엇인가?

탁!
단지 이것뿐이다.

오매일여 寤寐一如

훤칠한 키에 앳된 얼굴을 한 승려가 문을 열고 들어왔다.

벽 공: 어느 절에서 왔나요?

방문자: 강원도 백담사에서 왔습니다.

벽 공: 만해가 묵었던 절에서 왔군요. 멀리서 왔는데, 무슨 일로 온 건가요?

방문자: 몇 가지 여쭈어 볼 것이 있어서 왔습니다.

벽 공: 감색 동정을 보니 어느 승복과는 조금 다른 것 같군요?

방문자: 네. 사미계는 받았지만 아직 비구계는 받지 못했습니다.

벽 공: 그래, 무엇이 알고 싶고 궁금한가요?

방문자: 그동안 진여문 카페의 글들을 열심히 읽어왔습니다. 그러다 어느 순간 본성이 무엇인지 알게 되었습니다. 처음은 너무 단

순하고 쉬워서 이것이 그것인가 하고 잘 믿기지 않았지만, 진여문의 글들을 통해 성품을 본 것이 확실하다고 믿게 되었습니다. 여러 경전들의 말들과 모든 것이 정확히 일치했기 때문이죠.

벽 공: 그런데 무엇이 문제인가요?

방문자: 절의 고참 선배에게 저의 견해를 말했더니 핀잔만 들었습니다. "마魔가 끼어서 헛소리를 한다."고 말이죠. 저의 경우 본성자리가 무엇인지는 알지만 문제는 본성자리가, 알아차림이 언제나 지속되지 않는다는 것입니다. 다시 말하면, 오매일여寤寐─如가 되지 않는다는 것입니다. 어떻게 하면 알아차림이, 깨어있음이 시종 여일하게 지속될 수가 있나요?

벽 공: 하하하……. 당신의 혼란스러움은 충분히 이해합니다. 어디선가 오매일여가 되어야만 확실하게 견성한 것이라는 글을 읽은 것이지요?

방문자: 네. 전 그렇게 알고 있습니다.

벽 공: 그것은 본성자리에 대한, 알아차림에 대한 그릇된 견해에서 비롯되는 오해일 뿐입니다. 알아차림은 의식의 특정한 상태가 아닙니다. 갈고 닦고 노력하고 수행해서 얻을 수 있는 특정한 '경지'가 아니라는 말이죠.

방문자: 그렇다면 오매일여란 무엇을 가리키나요?

벽 공: 자연스러운 의식의 상태가 오매일여입니다. 다시 말하면 본성인 알아차림은 생시에도, 꿈꿀 때도, 깊은 잠속에서도 시종여일하게 깨어서 모든 것을 알아차리고 있습니다. 모든 존재는 자연스러운 상태에서 오매일여와 몽중일여 속에 있습니다. 당신은 다만 그것을 의식의 특정한 상태로 붙잡으려하기 때문에 혼동 속에 빠져있는 것입니다.

방문자: 그러면 어떻게 해야 합니까?

벽 공: 어떻게 해야 할 무엇이 있습니까? 오매일여하겠다는 그것이 망상임을 알고 내려놓으면 끝나지 않나요?

방문자: 선생님 말씀을 들으니 속이 후련해집니다. 두어 군데를 더 찾아가보려고 했는데 여기를 먼저 온 것이 잘한 것 같습니다.

벽 공: 깨달음은 체험도 중요하지만 체험에서 그치면 또 다시 맹목 속에 빠질 수가 있습니다. 자기 존재에 대한, 본성에 대한 바른 견해와 뚜렷한 앎도 무엇보다도 중요합니다.

방문자: 감사합니다. 의문이 있으면 또 다시 찾아뵙도록 하겠습니다.

완전한 깨달음이란

완전해지려고 노력하지 말라.

얼핏 본성자리를 보게 되면 자칫 더욱 분발해서 완전한 깨달음에 이르고 싶다는 욕망에 사로잡히게 된다.

그대가 알고 있는 완전한 깨달음이란 무엇인가?
오매일여, 몽중일여의 경지를 성취해서 24시간 생각과 동일시됨이 없이 깨어있는 것이 완전한 깨달음이라고 그대는 알고 있을 것이다.

그러나 그대는 명심해야만 한다.
그대가 알고 있는 완전한 깨달음이라는 것 또한 망상이라는 것을.

깨달음은 노력해서 완전해지는 것이 아니다.
본성은 노력 여부와 상관없이 본래부터 완전한 것이다.

만일 완전해지려고 노력한다면 오히려 완전해지지 못하는 자가당착의 오류에 빠지게 된다.
무엇 때문인가?
불완전한 상태에서 완전한 상태로 옮겨가야만 한다고 생각하는 동안은 불완전한 상태에 머물 수밖에 없기 때문이다. 본래부터 완전한 본성을 어떻게 노력을 통해 완성할 수 있겠는가?

이 말을 듣고 그대는 또 이렇게 물을 것이다.
"그러면 완전해지려고 노력하지 말라는 말인가요?"

그대가 만일 노력하지 않으려는 노력을 하게 된다면 또 다시 핵심을 놓치게 된다.

그대는 또 이렇게 되물을 것이다.
"그러면 도대체 어떻게 하라는 말인가요?"

자가당착의 미로에서 빠져나오는 방법은 '완전'과 '불완전'이라는 개념에서 벗어나야만 한다는 것이다.

'나의 깨달음은 아직 불완전하니 더욱 분발해서 완전한 깨달음에 도달해야만 해.'라고 생각하고 수행하고 노력하게 된다면, 그대는 이미 '완전'과 '불완전'이라는 상대적인 개념의 덫에 걸려든 것이다. 이 또한 생각임을 보지 못하고 생각과 동일시되어 생각을 따라간 것이다.

따라서 견성 이후의 공부는 한 가지 대원칙만 명심하고 잊지 않는다면 의외로 간단하고 쉽다.

완전한 깨달음은 노력해서 이루는 것이 아니며, 본성은 노력할 필요가 없이 본래부터 완전하다는 것이다.

본래부터 누구나 다 갖추고 있는 본성을 불완전하게 만드는 것은 모두가 개념적인 분별인 생각이며, 그대가 그것이 생각임을 알아차리지 못하고 그것과 동일시될 때 불완전의 늪 속으로 빠지게 된다는 사실을 명심하면 된다.

탁!
여기에 어디 완전함과 불완전함이 있는가?

자기로부터의 혁명

벽　공: 철학을 전공하셨군요?

방문자: 원래는 어학 전공이었는데 지두 크리슈나무르티의 책『자기로 부터의 혁명』을 읽고 충격을 받고 철학과로 전과했습니다."

벽　공: 철학을 전공하고 나서 어땠나요? '자기로부터의 혁명'이 일어났 나요?

방문자: 아닙니다. 오히려 자기로부터 더 멀어졌다는 느낌이 들었죠. 오 히려 더 개념 속을 헤매게 되었으니까요.

벽　공: 대학시절부터 참나를 찾아온 것이니 시간적으로도 꽤 오래되 었군요?

방문자: 그렇습니다. 한 20년 정도 되었습니다.

벽　공: 그동안 어떻게 마음공부를 해왔나요?

방문자: 공부 모임 같은 곳에 참여하기보다는 주로 혼자서 공부해왔습

니다. 그렇다고 불교 관련 서적들을 많이 읽은 것은 아닙니다. 주로 마하리시, 마하라지와 같은 인도 성자들의 책들을 읽었습니다.

벽　공: 책을 통해서 그 사람들이 말하는 참나, 또는 참자아가 무엇인지는 아셨나요?”

방문자: 개념적으로는 다 이해했습니다. 그리고 두어 달 전에 본성자리에 대한 어렴풋한 체험도 있었습니다. 그러나 그 이후에도 생각에 동일시되어 깊이 빠지게 되는 일이 잦습니다. 그래서 선생님을 찾아뵙고 직접적인 가르침을 받아야겠다는 생각이 들었습니다.

벽　공: 좋습니다. 사실 본성자리에 대한 체험은 누구나 쉽게 할 수 있습니다. 왜냐하면 우리 자신이 바로 본성 자체이기 때문입니다. 문제는 체험을 하더라도 체험하는 그 자리에 대한 앎이 정확하지 않으면 다시 미세하게 일어나는 생각들에 동일시되게 됩니다. 따라서 자신의 진짜 정체성이 무엇인지를 정확하게 아는 것이 무엇보다도 중요합니다. 오늘 부산까지 먼 길을 오셨으니 지금부터 제가 하는 말을 잘 듣고 제가 가리키는 그 자리를 분명하게 자신에게 각인시키도록 하세요.

방문자: 네. 그렇게 하겠습니다.

한 시간 정도가 지났다.

방문자: 인도 사람들은 사트상(스승과 함께 함)이 중요하다고 하는데 그
뜻을 이제야 알겠습니다. 선생님과 한 시간 정도 대화를 나누
기만 했는데 그 자리가 뚜렷하게 느껴집니다. 생각이 이렇게
힘을 못 쓰다니 신기할 따름입니다.

벽　공: 본성은 찾으려고 노력할수록 오히려 보이지 않습니다. 찾지 않
으면 있는 그 자리가 바로 그것입니다.

방문자: 두어 달 전에 어렴풋이 본성을 보았는데, 그 이후에 이것을
어떻게 하면 더 잘 유지할 수 있을까 하는 것이 고민이었습
니다.

벽　공: 본성은 의도하지 않고 노력하지 않아도 저절로 모든 것을 알아
차리고 있는데 어떻게 그것을 더 잘 유지할 수 있나요? 유지하
려는 그것이 생각이었을 뿐인데도 당신은 그것을 알아차리지
못하고 속은 것입니다.

방문자: 이제 그 모든 노력과 고민이 모두 생각임을 알겠습니다. 사실
알고 보면 너무나 쉽고 단순한 것인데 왜 이렇게 먼 길을 돌아
온 것일까요?

벽　공: 이 공부는 제대로 된 인연을 만나지 못하면 오랜 시간과 노력

을 들여도 끝을 보기가 어렵습니다. 이제 제대로 아셨으니 그래도 다행이지 않은가요?

방문자: 네. 정말 그렇습니다. 사실 오후 4시 30분 대전 가는 기차표를 미리 예매했었는데, 그때까지 있을 필요가 없을 것 같습니다. 좀 있다 일어서도록 하겠습니다.

벽 공: 명심해야 할 것은 견성은 공부의 끝이 아니라 시작이라는 것입니다. 앞으로도 계속 생각에 속게 될 것입니다. 그러나 혼자 있으면 생각에 속고 있으면서도 그것이 생각일 뿐이라는 사실을 알아차리기가 어렵습니다. 그래서 도반들과 함께 하는 공부모임이 필요한 것입니다.

방문자: 그 문제는 제가 지금까지 혼자 공부해왔기 때문에 누구보다도 잘 압니다. 감사합니다.

본성과 동일시하라

창을 통해 바라보이는 동산에는
봄빛이 한창 무르익었다.

찾아오는 봄을 막을 수 없듯이
우리의 본성은 제어하거나 파괴될 수 없다.

잘 났든 못 났든
가난하든 부유하든
아름답든 추하든
똑똑하든 멍청하든
본성은 있는 그대로 완벽하고 신성하고 거룩하다.

그대가 본성을 알아차리기만 하면
이전에는 미처 상상도 하지 못했던 방식으로
삶이 전개된다.

그대는 삶의 진정한 의미를 깨닫게 된다.
무엇인가를 찾아 헤매던 목마름은 비로소 끝이 난다.

그대 자신을 본성과, 순수의식과 동일시하라.
이것이 깨달음이요, 해탈이다.

해탈을 위해 더 이상 필요한 것은 없다.

그대는 이미 그것이다.
밖에서 그 무엇도 더 이상 구할 필요가 없다.

비춰줄 거울이 필요하다

메일이 왔다.

안녕하십니까?
저는 올해 40세이고 지방에 살고 있는 남자입니다.
선생님께 가르침을 받고 싶어 메일을 드립니다.

저는 예전부터 깨달음을 찾고자 홀로 나름의 수행을 해왔으며, 마음공부와 관련한 인터넷 카페의 도움을 받아왔습니다.

그러다 4년 전부터는 여러 영적서적을 탐독하면서 갈망을 가지고 깨달음에 도전해왔었습니다. 그러나 뜻대로 잘 되지가 않아서 절망하고 포기하고 있었습니다.

지난 석 달 동안은 모든 공부를 접고 아예 포기를 하고 있었는데, 어느 날 생각이 완벽히 멈추는 체험이 찾아왔습니다.

그토록 급류와 같이 제멋대로 일어나던 생각이 일순간 멈추는 신비로운 체험이었습니다.

사실 그동안 의도하지 않아도 쏟아지는 생각 때문에 삶이 너무나 고통스러웠습니다.

40분 정도 아무런 생각이 없었습니다.

세상이 멎어버린 듯했고, 모든 것이 갑자기 고요했습니다.

주변이 투명하게 정돈된 본성자리였고, 그 저변에 고요함이 느껴졌습니다.

'아, 이렇게 평생을 살면 얼마나 좋을까?' 하고 생각했습니다.

제가 있는 방 안에 가득 찬 청정함과 고요를 감지할 수 있었습니다.

그 뒤 2주 정도가 흘렀습니다.

그러나 이후에 다시 생각에 붙잡히며 습관적으로 생각에 동화되기도 하고 감정적 고통이 일어나기도 합니다.

이 체험이 깨달음인 줄 알고 있었는데, 다시 원래대로 생각과 욕망이 일어나 잠시 당황하기도 했습니다.

몸을 컨트롤하려는 생각의 힘도 여전히 있음을 알아차렸습니다.

물론 생각이 불러오는 고통은 예전보다 현격히 감소했습니다.

그러나 나도 모르게 생각에 동화될 때, 그 고요와 청정함을 잃어버린 것이 아닌가 하고 불안하기도 합니다.

그러다가 주변이나 사물을 보면, 언제나 투명함과 고요는 배경에 느껴지기 때문에 사라진 것이 아님을 압니다.

2주 넘게 이 상태를 유지하고 있는데, 이것이 깨달음이 맞는지 궁금합니다.

인터넷에 '깨달음'을 검색하다 선생님 블로그를 발견하고 가르침을 받고자 이렇게 여쭙게 되었습니다.

선생님이 쓰신 글을 읽으면서 공감하면서 웃기도 했습니다.
선생님의 책도 한 권 서점에 주문했고요.
이것이 깨달음의 시작이 맞는지요?
확신을 가지고 공부를 계속해나가는 데는 선생님의 조언과 가르침이 필요할 것 같습니다.
두서없는 제 체험담을 이렇게 들어주셔서 정말 감사합니다.

답장을 보냈다.

메일 잘 읽었습니다.

이 공부를 하는 사람들은 대개 처음엔 깨닫기 위해 열심히 노력하고 수행을 합니다.
깨달음을 얻을 수 있는 대상으로 생각하기 때문입니다. 그러나 개중에는 미지근하게 노력하다 중도에 포기하는 사람도 있고, 당신처럼 깨달음에 대한 갈망을 놓지 않고 밀어 붙이다 막판에 모든 노력과 수행을 포기하는 사람도 있습니다. 깨어남의 체험은 대개 후자의 경우 찾아옵니다.

석가모니의 경우도 열심히 수행하다 절망하고 모든 노력을 놓아버리고 보리수 아래서 쉴 때, 본성을 본 것입니다.

생각이 끊어지면 누구나 본성을 보게 됩니다. 이때 유의해야만 할 것은 '내가 본성을 보는 것'이 아니라 '본성이 스스로를 본다.'는 것입니다. 본성을 보게 될 때, 생각이 쉬어짐으로써 이제까지 느끼지 못했던 고요함을 저절로 느낄 수 있게 됩니다.

그러나 어떤 비일상적인 체험도 왔다가 지나갑니다. 깨어남의 체험 또한 마찬가지입니다. 체험이 지나면 생각은 또 다시 일어나고, 자기도 모르게 무의식적으로 생각에 동일시됩니다. 그렇지만 깨어남의 체험을 겪고 나면 생각에 끌려가다가도 그것을 알아차릴 수 있기 때문에 쉽게 생각에서 빠져나올 수 있게 됩니다.

당신의 경우, 본성을 본 것은 맞습니다. 깨어난 것은 맞지만 아직 본성에 대한 명확한 앎이 없고, 무의식적으로 생각과 동일시되는 경향성이 남아있기 때문에 아직 갈 길이 남아 있습니다.

이 공부를 하는 사람들과 대화를 나눠보면, 본성체험을 하고서도 그것이 무엇인지 모른 채 넘어갔기 때문에 여전히 생각에 휩쓸리고 있는 경우를 많이 봅니다. 따라서 체험을 하더라도 본성에 대해 명확하게 인식하는 것이 체험만큼 중요합니다.

본성체험은 특별한 것이 아닙니다. 본성은 날 때부터 누구에게나 똑같이 주어져 있는 우리의 존재 자체이기 때문입니다. 다만 본성은 원래부터 당연하게 주어져 있기 때문에 관심을 기울이지 않았고 그래서 그것이 무엇인지 모르고 살아온 것뿐입니다.

그러나 한 가지 분명한 것은 본성을 깨닫지 못하면, 누구도 생각이 불러오는 번뇌와 고통에서 벗어날 수가 없다는 것입니다.

당신에게 드리고 싶은 말은 아직 가야만 할 길이 많이 남아있기 때문에 함께 이 길을 걸어갈 수 있는 도반과 바른 길을 알려줄 수 있는 선지식을 찾아가라는 것입니다.

비록 혼자서 깨어났다 하더라도 혼자서는 이 공부를 계속하기는 쉽지 않습니다. 자기도 모르게 자기 생각에 속게 되기 때문입니다. 그래서 자신을 거울처럼 비춰 줄 수 있는 누군가가 반드시 필요합니다.

업業 또한 비어있다

업業이라는 것 또한 공空하다.
이 또한 실체가 없다.

그것은 살아오면서 지속해온 생각의 습관이
무의식 속에 굳어진 일정한 행동의 패턴이다.
따라서 이 또한 실재하는 것이 아니다.

그러나 본성이 밝아지기 전에는 누구나 자기도 모르게 업의 지배를
받는다.
무의식적으로 같은 실수를 반복해서 저지르고 나서 뒤늦게 후회
한다.

업에 따라 같은 행위가 반복해서 되풀이되는 것 같아도 업은 실체
가 없다.
단지 자각하지 못하는 습관이 업이기 때문이다.

업 또한 빈 것이다.
업은 실재하는 사물이 아니다.
따라서 없애고 깨트릴 수 있는 실체가 아니다.

자각의 빛이 밝아지면 업은 저절로 사라진다.

그대가 업의 지배를 받는 이유는 무엇인가?
그것은 본성이 밝아지지 않았기 때문이다.
그래서 그대는 의식하지 못한 채 과거에 축적된 일정한 행위의 패턴
을 좇아가게 된다.

실제로 업은 단지 생각 이상의 아무것도 아니다.
그대가 생각을 자신과 동일시할 때, 그 생각은 업을 형성한다.

그러므로 업을 없애려 노력하지 말라.
생각이 떠오르려면 그냥 무심히 그것을 지켜보라.

어떤 판단이나 비평 없이 그대로 보면서 알아차리기만 하라.
나쁜 생각이든 좋은 생각이든 해석하고 붙잡으려 하지 말라.

마치 수면 위에 일어났다가 사라지는 물결을 바라보듯이 하라.
그대가 떠오르는 생각에 관여하지 않을 때
생각은 저절로 힘을 잃게 되며
업 또한 서서히 사라진다.
이와 반비례해서 알아차림이 밝아지면서
어느 순간 본성을 깨닫게 된다.

먼 길을 돌아서

방문자: 처음으로 의문을 갖기 시작한 것은 중학교 1학년 무렵이었던 것 같습니다.

벽　공: 어떤 의문이었나요?

방문자: '나는 누구이며, 어디서 와서 어디로 가는가?'와 같은 의문이었죠. 부모님에게도 물어보고 선생님에게도 물어보았죠. 그러나 되돌아오는 것은 쓸데없는 생각 하지 말고 학교공부나 열심히 하라는 힐난뿐이었습니다.

벽　공: 그래서 어떻게 했나요?

방문자: 그러나 그 의문은 쉽게 수그러들지 않았고 날이 갈수록 학교 공부는 제게 아무런 의미가 없는 것처럼 여겨졌습니다. 당시 기독교 계통의 고등학교에 다니고 있었던지라 학교 목사님께도 여쭈어보았죠. 목사님의 말씀도 별반 다를 게 없었습니다. 그런 의문을 갖기보다는 하나님과 예수님이 누구인지 더 관심을 갖고 성경을 열심히 읽으라는 말씀뿐이었죠. 그러나 저는 하나님과 예수님이 누구인지는 하나도 궁금하지 않았습니다.

내가 정말 누구인지가 알고 싶었습니다.

벽　공: 답답했겠군요? 누구도 제대로 얘기해주는 사람들이 없었으니.

방문자: 공부는 하지 않고 정신이 나간 사람처럼 쓸데없는 질문을 한다고 엄마와 오빠한테 맞기도 많이 맞았습니다. 그러나 마음 속의 의문을 해소할 길이 없었습니다. 불교 집안이어서 어느 날 집에 찾아온 스님에게 여쭈어 보았죠. 그랬더니 자기는 아직 대답해줄 수가 없다며, 스무 살이 넘으면 집을 나가라고만 하시더군요.

벽　공: 그래서 집을 나왔었나요?

방문자: 그러지 못했습니다. 스무 살이 되기를 기다리고 있던 중에 집 안 전체가 미국으로 이민을 가게 됐기 때문이죠.

벽　공: 대개 시간이 지나면서 그러한 근원적인 의문들도 희미해지거나 잊혀지기 마련인데 당신은 어떠했나요?

방문자: 저희 집이 정착한 곳은 미국 텍사스 주였는데, 거기엔 한국 교민들도 거의 없어서 불교사찰도 찾아볼 수가 없었습니다. 그러나 내가 누구인지 꼭 알아야만 하겠다는 생각에는 변함이 없었습니다. 스무 살이 넘어서는 집에서 나와 혼자서 독립했습니다. 취직을 하고 일을 하면서 생활을 꾸려가면서도 의문의 끈

만은 놓지 않았습니다. 그때 처음으로 이 일을 위해서는 목숨을 걸어도 좋다는 결심을 했습니다.

벽 공: 어려운 여건 속에서 흔치 않은 발심이군요.

방문자: 이십 대 후반에 직장에서 미국 남자를 만나 사귀게 되었죠. 그 남자는 결혼을 원했지만, 결혼을 하게 되면 깨달음에서 멀어지게 된다는 두려움 때문에 결국 몰래 그 남자를 떠나고 말았죠.

벽 공: 미국에서는 이 길을 가는 것이 쉽지 않았을 텐데……

방문자: 이러저러한 인연으로 그 뒤 미국에서 11년 동안 개척교회를 세우고 교회를 반석 위에 올려놓는 일에 매진하다가 몸이 망가지고 말았죠. 그래서 한국으로 귀국해서 혼자 산에 다니면서 모든 것을 내려놓으니 병이 낫더군요. 그 뒤 절을 찾아다니며 참선도 하고 여기저기 공부모임을 기웃거리기도 했습니다.

벽 공: 미얀마에는 왜 가시려고 했나요?

방문자: 한국에 와서 스님 몇 분을 만났었는데, 국내에서는 깨달을 희망이 없으니 미얀마에 가는 것이 낫다는 말을 들었죠. 제 공부의 끝을 보아야만 하겠다는 생각에서였습니다.

벽 공: 저번 서울법회에 참석해보니 어떠셨나요?

방문자: 한국에서 공부모임을 몇 곳 다녀봤지만, 거기서는 깨닫고 싶어
하는 사람들 마음을 가지고 논다는 인상을 받곤 했습니다. 그
러나 선생님은 달랐습니다. 너무도 쉽고 간결하게 핵심을 짚어
주셔서 그동안 제가 갖고 있던 의문들이 많이 풀렸습니다. 그
리고 법회에서 도반들이 뿜어내는 에너지가 강렬하게 느껴져
서 여기는 참석하기만 해도 저절로 깨달을 수 있겠다는 생각
이 들었습니다.

벽　공: 좋습니다. 당신은 이미 깨달아 있고, 또 당신이 깨달음 자체입니
다. 다만 그것이 무엇인지 모르고 있을 뿐입니다. 지금부터 제
말을 들으면서 그것이 무엇인지만 알아차리세요. 그러면 됩니다.

　　30여 분 동안 대화를 나눠보니 그녀는 이미 공부가 많이 진전되어있
었다. 그렇지만 그녀의 공부는 많은 책을 읽고 보고 들은 것을 쌓아서
이룬 알음알이 공부가 아니었다. 삶 자체를 화두로 품고 오랜 세월 동
안 거친 세파에 마모되면서 저절로 익혀온 공부였다. 용의 눈에 마지
막 눈동자를 그려 넣는 과정만 남아있었다. 곧바로 본성자리를 가리
켜 보이자 즉각적인 이해와 수용이 뒤따랐다.

방문자: 이제 제가 무엇인지 알았습니다. 거기에는 아무런 의심이 없습
니다. 지금 와서 보면 너무 먼 길을 돌아왔다는 생각도 들지만
아무런 후회는 없습니다.

벽　공: 오랜 세월 동안 공부의 끈을 놓지 않고 추구해온 당신의 굳은

발심 때문에 시절인연을 만난 것입니다. 앞으로의 공부는 순탄하게 진행될 것입니다.

왜?

왜 나는 태어났을까?

왜 나는 죽지 않으면 안 되는가?

왜 우주는 생겨났을까?

이것은 왜 이럴까?

저것은 왜 그럴까?

그대는 끝없이 '왜?'라고 묻는다.

그리고 '왜?'라는 의문에 대한 해답이 반드시 존재해야만 하며
그대는 그것을 찾아야만 잠시만이라도 안도할 수가 있다.

그러나 하나의 '왜?'라는 의문에 대한 만족할 만한 해답을 찾았다 할
지라도 '왜?'라는 의문은 거기서 멈추는 법이 없다.

모든 의문에 대한 해답은 '개념'이며
그것을 설명할 수 있는 또 다른 '개념'이 필요하기 때문이다.

철학자들은 평생을 '왜?'라는 질문에 대한 해답을 찾아내려고 하지만
개념 속을 맴돌 뿐이지 거기에서 벗어나지 못한다.

그러나 그대는 모든 사물과 현상에 대해 '왜?'라는 의문을 제기해도
무엇 때문에 '왜?'라는 의문이 일어날까 하고 묻지는 않는다.

그대는 무엇 때문에 '왜?'라고 끊임없이 묻고 있는가?

그대가 만일 말을 배우지 않았고 그래서 생각이 없다면
'왜?'라는 의문이 일어날 수 있겠는가?

사물들은 그저 존재하고 현상들은 그저 일어날 뿐
존재의 이유는 없다.

모든 사물들과 현상들은 나눌 수 없는 하나의 전체를 이루고 있기에
모든 것이 모든 것의 원인이자 결과가 된다.
따라서 어떤 것을 원인과 결과로 특정지을 수 없다.

어떤 동물도 '왜?'라고 묻지 않는다.
그런데 누가 '왜?'라고 끝없이 묻고 있는가?

'나'라는 생각이 묻고 있다.
에고는 생각으로 만들어진 실체가 없는 개념이기 때문에
그것을 지탱하고 유지할 수 있게 해줄 또 다른 개념을 필요로 한다.
생각이 없으면 에고는 소멸할 수밖에 없기 때문이다.

끊임없이 의문을 일으키고 해답을 찾도록 부추기는 것은

그것이 다름 아닌 에고의 생존 전략이기 때문이다.

'왜?'라는 의문이 사라질 때
그대는 있는 그대로를 받아들일 수 있게 되며
그때 그대는 비로소 본래의 집에 도착하게 된다.

본성이 밝아질 때

본성이 밝아져서 스스로를 비출 때
보이고 들리는 대상과 몸이
일시에 사라진 것처럼 느껴진다.

그러나 이때 당황하지 말라.
몸이 사라진 것이 아니다.

본성의 비춤이 대상을 향하는 것이 아니라
스스로를 향하기 때문에
대상에의 인식이 흐려진 것뿐이다.

이것은 마치 캄캄한 한밤중에 손전등으로 대상을 비추다
손전등의 방향을 자신에게 돌릴 때
대상이 사라진 것처럼 느껴지는 것과도 같다.

시간이 지나면 다시 몸은
이전처럼 대상으로 자각된다.
이 같은 체험을 통해 몸은 자기가 아니라
알아차림의 대상일 뿐임이 명백해진다.

지속적인 공부가 필요하다

거듭 말하지만 이 공부는 일별하기는 어렵지 않으나 분별이 없는 본성자리에 흔들림 없이 안착하기는 그리 쉬운 것이 아니다. 오랜 세월 동안 생각 속에서 살아온 습관 때문에 자신도 모르게 다시 생각과 동일시되어 다시 망상에 빠지기 때문이다.

따라서 잠시 본성을 알아차린 데서 만족해서는 '나도 이제 깨달았는데 더 이상 공부할 게 뭐 있어?'라고 생각한다면, 그 또한 망상에 지나지 않는다.

물론 본성을 일별만 하더라도 생각이 쉬어지고 나름대로 안목이 생겨서 경전의 글들도 쉽게 이해되어 마치 자신도 깨달아서 공부가 끝난 것처럼 느껴지기도 한다. 그래서 '나도 이제 깨달았다.'는 자기 생각에 속기가 쉽다.

그러나 명심하라. 이때가 마음공부에서 엇길로 빠지기 쉬운 가장 위험한 때임을.

만약 그대가 '나도 이제 깨달았다.'는 생각이 든다면 그때는 '나'라는 아상我相에다 '깨달았다'는 법상法相까지 더해져서 자칫하면 미망에서 빠져나오기 힘들게 된다.

아직 생각의 관성에서 미처 벗어나지도 못했기 때문에 자신도 모르게 개념으로 본성을 포장해서 나름대로 새로운 교리체계를 만들고 거기에 안주하기가 쉽다. 대부분의 사이비 종교는 이 같은 과정을 통해 만들어진다.

진여문에 와서 나름대로 일별한 뒤 공부가 끝났다고 착각했던 도반들이 요즘 다시 돌아오고 있는 것은 그나마 다행스러운 일이다.

이들은 이구동성으로 일별 후 환희심이 일어나고 마음도 쉬어져서 공부가 끝났다고 생각했는데 일상생활에 파묻혀서 시간이 지나다 보니 다시 이전처럼 생각에 끌려가 공부가 미진함을 깨닫고 다시 법회에 나오게 되었다고 털어놓는다.

본성자리는 원래부터 완전하므로 한 번 알아차리면 더 닦을 필요는 없다. 그러나 본성을 가리는 생각의 습관은 오랜 세월 동안 쌓아온 것이기 때문에 단박에 사라지지는 않는다. 따라서 일별 이후에도 아직 본성자리가 명확하지 못한 사람의 경우 습관화된 생각의 관성에서 빠져나오는 공부는 계속하지 않으면 또 다시 이전으로 돌아가게 된다.

그러므로 일별 이후에도 공부에 대한 관심을 그대로 유지하면서 계속 법회에 참석해서, 도반들과 교류하고 소통하는 것이 무엇보다 중요하다.

제4부

삶의 흐름에
내맡겨라

삶의 흐름에 내맡겨라

삶에는
노력을 통해 얻을 수 있는 것이 있고
노력을 통해서도 얻을 수 없는 것이 있다.

노력을 통해 얻을 수 있는 것은
돈, 권력, 명예와 같은 세속적인 것들이다.

세속적인 것들은
그대가 열심히 추구하면 얻을 수도 있겠지만
그것들은 영원하지 않으며
잠시 왔다가 간다.

이와는 달리 정말 귀중하고 영원한 것은
노력을 통해서도 얻을 수 없다.

사랑, 은총, 지복은 노력을 통해서는
결코 얻을 수가 없다.
오직 노력하는 자가
추구하는 자가 사라질 때

사랑, 은총, 지복은 저절로 찾아온다.

그러므로 사랑과 은총, 지복을 얻기 위해
그대가 해야만 할 일은 아무것도 없다.

그렇다고 아무것도 하지 않기 위해
노력하지도 말라.

모든 노력과 의도를 놓아버리고
흐르는 강물 위에 떠가는 나뭇잎처럼
삶의 흐름에 스스로를 내맡겨라.

강물 위에 뜬 나뭇잎은
바다로 도달하려는
아무런 노력도 하지 않고
어떤 의도도 갖지 않는다.

그저 흐르는 강물에 모든 것을 내맡긴 채
돌부리에 걸리면 쉬기도 하고
격랑을 만나면 솟구쳐 오르기도 하면서
유유히 강물 위를 떠간다.

그러나 종국에는 드넓은 바다에 다다르게 된다.

그대가 나뭇잎처럼
삶의 흐름에 모든 것을 내맡길 때
삶은 마침내 그대를 싣고
사랑과 은총, 지복의
광대한 바다에 당도할 것이다.

가자, 저 언덕으로

"아제 아제 바라아제 바라승아제 모지사바하"
반야심경 끝머리에 나오는 주문이다.

원래 산스크리트어로 된 것을 한문으로 음차한 것이지만, 그 뜻은
이러하다.

"가자 가자 넘어서 건너가자, 모든 것을 넘어서 저 언덕으로 건너가
자, 그 곳에서 깨달음을 얻으리라."

여기서의 '저 언덕'은 깨달음을, 본성자리를 말하며, '피안彼岸의 세
계'란 말은 여기서 유래됐다. 오욕과 미망으로 물든 사바세계를 '이 언
덕此岸'으로 탐욕과 번뇌에서 벗어난 본성을 '저 언덕彼岸'으로 비유해
서 가리키고 있는 것이다.

이 주문만 보면 '이 언덕'과 '저 언덕'이 공간적으로 따로 떨어져 있어
서 이 언덕에서 저 언덕으로 건너가야만 하는 것으로 묘사되어 있지
만 이것은 어디까지나 비유적인 표현일 뿐이다.

온 우주가 이미 의식 속에 펼쳐져 있는데 지금 있는 여기를 떠나서
또 어디를 간다는 말인가?

깨달음은 꿈에서 깨어나는 것과 같다.

깨달았다고 해서 남다른 것을 얻는 것도 아니요, 지금 여기를 떠나서 시간적으로나 공간적으로 다른 곳으로 옮겨가는 것도 아니다.

침대 위에 누워서 꿈을 꾸던 사람이 꿈속에서 이역만리를 헤매며 갖은 고생을 다하다 꿈에서 깨어나면 아무 일도 없이 침대 위에 누워있는 자신을 발견하는 것과 같다.

다시 말하면, 깨닫기 전의 '이 언덕'이 깨달은 후에 도달한 바로 '저 언덕'이라는 것이다. '그렇다면 무엇 때문에 깨달아야만 하는가?' 하고 그대는 물을 것이다.

눈으로 확인하기는 힘들지만, 이 언덕에 있는 사람과 저 언덕에 도착한 사람과는 분명한 차이가 있다.

그것은 어떤 차이인가?
그 사람의 존재가 달라진다는 것이다.

인간의 본질은 그 무엇도 아닌, 단순한 '앎'뿐이다.
그대는 어떠한 내용과 개념도 없는 순수한 알아차림이다.
그대가 자신을 스스로 규정하는 그것이 바로 그대의 존재가 된다.

참나를 깨닫는다는 것은 자신이 진정 무엇인지 알게 됨으로써 그대가 생각 속에서 규정한 거짓된 자아상을 버리고 진정한 자신으로 되돌아가는 것이다.

이것이 바로 존재의 질적인 변형이요, 깨달은 후에 도달하는 '저 언덕'인 것이다. 이 피안의 세계를 붓다는 '정토(淨土)'라고 불렀으며, 예수는 '하늘나라'라고 일컬었다.

그러나 이는 단지 언어적인, 수사적인 표현만은 아니다.
참나를 발견해서 본성을 맛본 사람들은 붓다와 예수의 표현이 결코 과장되지 않았다는 것을 안다.

깨달은 뒤에는 새로운 차원의 의식이 열리기 때문이다.

교차해서 오고가는 생시와 잠, 꿈의 차원과는 전혀 다른, 언제나 있었지만 이전에는 전혀 모르고 살았던 새로운 의식의 차원이 열리는 것이다.

그래서 그대는 새롭게 열린 의식 차원으로 옮아가게 된다.
집착은 떨어져 나가고 눈앞에 보이는 것은 이전 그대로지만 언제나 고요하고 안온한 마음이 곧 자신임을 알게 된다.

가자, 가자, 넘어서 건너가자.
모든 것을 넘어서 저 언덕으로 건너가자!

고요히 있으라

깨달음은 무엇을 함으로써가 아니라
무엇을 하는 것을 그만둠으로써 실현된다.

왜인가?
그대 자신이 본래부터 깨달음이기 때문이다.

진정한 그대는 행위자가 아니라
다만 알아차림일 뿐이다.

고요히 있으라.
그렇다고 해서 고요히 있으려고 노력하지도 말라.

고요히 있으려고 노력할 때
그대는 알아차림에서 행위자로 옮아가게 된다.

그러면 어떻게 하는 것이 고요히 있는 것인가?

생각이 일어나고 사라지는 것을
생각과 동일시됨이 없이

그저 지켜보고만 있으라.

생각과 동일시되지 않으면
그대는 행위의 주체가 아니다.

생각과 감정
그리고 다섯 가지 감각 체험은 왔다가 사라진다.
그 어느 것도 머물러 있지 않는다.

그대는
이 모든 것들이 일어나고 사라짐을
그저 알아차리고 있는
텅 빈 배경일 뿐이다.

그저 지켜보는 텅 빈 배경으로
남아 있으라.

그대가 고요히
일어나는 모든 것을 알아차리는
텅 빈 배경으로 있을 때
그대는 진정한 자신으로, 참나로 있는 것이다.

참나로 존재하는 것이
참나를 깨닫는 가장 빠른 길이다.

여기엔 오랜 시간도, 어떤 수행도 필요치 않다.

그대가 존재한다고 생각하지 말라.
그냥 존재하라.

수행도
명상도 내려놓아라.
그저 아무런 행함이 없는 텅 빈 배경으로 있으라.

그러면
그대가 그대 자신에게 알려지리라.

본래 아무 일도 없다

종국에는
해탈해야 할 중생도
구제받아야 할 중생 또한 없다.

일어나는 모든 일들은
한바탕의 꿈속에서 벌어지는
해프닝에 불과할 따름이다.

꿈꾸는 자와
꿈은 다른 것이 아니다.

꿈꾸는 자는 마음이며
현상계는 마음이 꾸는 꿈이다.

그러나 마음이 꾸는 꿈은
끝없이 계속된다.

마음은 자신이 꾸는 꿈을
단지 놀이로서 즐기기 때문이다.

그래서 꿈에서 깨어나면
본래 아무 일도 없음을 알게 된다.

그러할진대
무엇을 갖지 못해 안달하며
또 무엇 때문에
슬퍼하고 두려워하겠는가?

삶은 저절로 펼쳐지고 있다

오직 하나의 마음과 70억 개의 배역이 있다.

하나의 마음이
스스로 동일시한 배역에 빠져서
자신이 삶을 살아가고 있다고 생각할 뿐이다.

겉으로 보이는
옳은 것과 그른 것
선과 악
아름다움과 추함은
그저 이름표일 뿐이다.

삶 그 자체는 정의할 수 없다.
그것은 그냥 펼쳐지고 있다.

삶은 저절로 펼쳐지고 있으나
살아가는 사람은 없다.

번뇌 그대로 해탈이다

번뇌를 없애야만 해탈하는 것이 아니다.
번뇌가 있는 그대로
번뇌에서 벗어날 수 있어야만 진정한 해탈이다.

번뇌란 무엇인가?
일어나는 생각과 감정에 동일시되어 끌려가는 것이다.

그대는 무의식적으로 생각과 감정에 동일시되어 끌려간다.
그래서 생각과 감정을 없애려고 노력한다.
생각과 감정을 모두 없애야만 해탈하는 것인 줄 알고 있기 때문이다.

그대는 해탈하기 위해 생각과 감정을 끊으려고 노력한다.
오랜 시간 동안 명상을 하고 선정에 든다.

그러나 그대가 의도적인 선정을 끝내고 일상으로 돌아오면
또 다시 일어나는 생각과 감정에 동일시되어 따라가게 된다.

무의식적인 동일시에서 벗어나지 못했기 때문이다.
선정을 통해 해탈하기 힘든 것은 이 때문이다.

어떻게 하면 번뇌에서 해방될 수 있는가?
생각과 감정이 일어나더라도 거기에 동일시되지만 않으면 된다.
그러면 생각과 감정이 일어나더라도 그대에서 영향을 미치지 못한다.

그렇다!
생각과 감정에 동일시되지 않기만 하면 해탈할 수 있다.

어떻게 생각과 감정에 동일시되지 않을 수 있을까?

동일시란 순수 자각인, 알아차림인 그대가 생각, 감정과 하나가 되는 것이다.
무엇 때문인가?

그대 자신이 순수 자각임을, 알아차림임을 알지 못하기 때문이다.
다른 이유는 없다.

따라서 생각, 감정과 동일시되지 않기 위해서는
먼저 그대 자신이 순수 자각임을, 알아차림임을 깨달아야만 한다.

그대가 알아차림임을 깨닫게 되면
그때부터 그대가 알아차림이 된다.

그대가 알아차림임을 자각하게 되면
습관적이며 무의식적인 생각과의 동일시에서 빠져나올 수 있게 된다.

그러면 생각과 감정이 일어나더라도
더 이상 생각과 감정에 끌려가지 않게 된다.

생각을 해도 생각이 없고
감정이 일어나더라도 그대를 지배하지 못한다.

이것이 진정한 해탈이요, 자유다.

깨달음도 골프를 배우듯이

벽　공: 마음공부는 어떤 계기로 하시게 되었나요?

방문자: 특별한 계기는 없었지만 살아오면서 이유도 모른 채 '그저 이렇게 살면 무엇을 하나' 하는 생각도 들었습니다. 그리고 동료들과의 심한 경쟁과 내면에서 올라오는 짜증들도 참아내기가 힘들었습니다. 그래서 뭔가 새로운 돌파구를 찾기 위해 이곳저곳 영성카페와 서적들을 뒤지면서 공부해왔습니다.

벽　공: 그동안 주로 어떤 책들을 보았나요?

방문자: 마하리쉬와 마하라지의 책들과 오쇼의 책들을 보았습니다. 그리고 ○○명상센터 카페 글들을 주로 읽어왔습니다. 그러나 머리로는 이해가 되는 것 같은데 아직 '절대'라는 것이 무엇을 가리키는 것인지 확연하지가 않습니다.

벽　공: 진여문은 어떻게 알게 되었나요?

방문자: 선생님의 책을 읽고 알게 됐습니다. 선생님의 책은 간결하고 명료하면서 핵심을 짚고 있어서 그동안 읽어왔던 내용들이 정

리가 되면서 내면의 울림이 있었습니다. 그래서 찾아뵙게 되었습니다.

벽 공: 절대란 다른 것이 아닙니다. 개념과 생각이 아닌 것이 절대입니다. 반대로 개념과 생각 속의 세계가 상대성의 세계인 현상 세계입니다. 당신이 알고 있는 모든 것은 생각과 개념이고, 생각과 개념은 비실재입니다. 생각과 개념이 아닌 것이 실재하는 것이며, 그것이 바로 절대입니다. 제 말이 소화가 됩니까?

방문자: 머리로는 알 것 같습니다. 그럼 절대란 본성자리를 말하는 것이 아닙니까?

벽 공: 맞습니다. 절대가 본성이요, 참나입니다. 당신이 바로 절대입니다.

방문자: 여러 책들을 읽어서인지 이해는 되는 것 같습니다. 생각도 이전보다 많이 줄어들었고 고요해졌습니다. 그러나 그 절대가 무엇을 가리키는지 아직 분명하지가 않습니다.

벽 공: 알겠습니다. 당신은 지금까지 단 1초도 절대가 아니었던 적이 없지만, 아직 그것이 무엇인지, 그것이 자신임을 확인하지 못했습니다. 그래서 생각과 감정에 동일시되면서 살고 있습니다.

방문자: 그러면 어떻게 해야만 합니까?

벽　공: 어떻게 해야만 할 것은 없습니다. 지금부터 당신이 바로 절대임을 가리켜 알려드리겠습니다. 제가 하는 말을 잘 듣고 내면에서 제가 무엇을 가리키는지 알아차리기만 하면 됩니다. 그것이 깨달음입니다.

　　대화를 나누면서 두어 가지 테스트를 해보니 그는 생각이 자신이 아님을 구분할 줄은 알고 있었다. 그러나 특별한 체험을 통해서 본성을 확인해야만 한다는 생각에 붙잡혀 있었다.

벽　공: 어떤 생각이 일어나더라도 '내가 무슨 생각을 하는구나' 하고 아는 그 자리가 생각 이전의 자리인 본성자리입니다. 생각은 생각을 알 수가 없습니다. 따라서 생각을 알아차리는 그 자리는 생각이 아닙니다. 그러므로 그 자리가 실재입니다.

방문자: 그 자리를 어떻게 체험할 수가 있습니까?

벽　공: 본성은 당신이 언제나 체험하고 있습니다. 왜일까요? 본성은 당신 자신이기 때문입니다. 그러나 '본성을 어떻게 체험할 수 있을까?' 하고 생각이 일어난 순간 본성을 생각으로 대상화시켜 파악하려는 덫에 빠지게 됩니다. 본성은 생각으로 알 수 있는 것이 아닙니다. 생각이 있을 때는 생각을 알아차리는 보이지 않는 그 무엇이며, 생각이 없을 때도 분별없이 생생한 순수 자각입니다.

방문자: 개념적으로 이해합니다만, 아직 제게는 그 자리에 대한 뚜렷한 느낌이 없습니다. 골프를 치다 보면 몸에 힘을 빼라는 말을 자주 듣습니다. 그러나 처음에는 그 말을 머리로는 기억하고 있지만 어떻게 하라는 말인지 도무지 감이 잡히지 않습니다. 그러다 어느 순간 '아하, 힘을 빼라는 말이 이걸 말하는구나!' 하고 알아차려질 때가 있습니다. 깨달음도 이와 유사한 것이 아닌가요?

벽　공: 좋은 비유를 드셨군요. 마찬가지입니다. 당신의 내면에서 '아하, 본성이란 바로 이걸 말하는구나!' 하고 알아차리면 그것이 깨달음입니다. 지금 가만히 앉아있으면 창 밖에서 자동차 지나가는 소리가 들리지요?

방문자: 네, 들립니다.

벽　공: 저 소리를 지금 누가 듣고 있습니까?

방문자: 제가 듣습니다.

벽　공: 정말인가요? 정말로 저 소리를 듣는 '사람'을 찾을 수 있나요?

방문자: ……?

벽　공: '저 소리를 내가 듣는다.'는 것은 당신의 생각일 뿐입니다. 다시 말하면 당신의 언어적인 해석일 뿐이라는 것이죠. 지금 생각

없이 가만히 앉아있어도 저 소리는 저절로 들려지고 있지요?

방문자: 그건 그렇습니다.

벽 공: 그런데 당신은 습관적으로 '저 소리를 내가 듣는다.'라고 생각하고 있을 뿐입니다. 우리의 모든 원초적인 감각적 체험은 생각이 없어도 저절로 일어나고 있습니다. 최초의 감각적 체험 위에 우리는 습관적으로 기억과 생각에 의한 개념적인 해석을 덧붙입니다. 그 뒤 그 개념적인 해석인 생각을 실재라고 믿으며 살고 있습니다. 생각 이전의, 원초적인 체험이 일어나는 바탕 의식이 알아차림이요, 본성입니다. 그러므로 본성을 깨치지 못한 사람들은 사실은 생각과 개념 속에서 살고 있는 것입니다. 그래서 그들은 꿈속에서 살고 있는 것과 똑같다고 말하는 것입니다.

방문자: 무슨 말씀인지는 이해를 하는데, 그래도 골프를 배우는 과정에서의 알아차림처럼 본성과 관련해서는 아직 그런 알아차림의 순간이 없습니다.

벽 공: 좋습니다. 그럼 점심을 먹고 나서 계속해 봅시다.

근처 식당에서 점심을 먹고 나서 커피숍으로 자리를 옮겨 커피 두 잔을 사이에 두고 마주 앉았다.
커피를 마시며 생각할 틈을 주지 않고 지속적으로 본성자리에 대한 대화를 이어나갔다. 그러면서 생각 이전의 자리를 눈치 챌 수 있도록

유도했다.

　한동안 멍하게 앉아 있던 그가 말했다.

방문자: 그동안 제가 망상 속에 있었음을 알겠습니다. 확실히 지금은 아까 오전하고 다른 것 같습니다. 본성자리에 대한 알아차림이 분명해진다고나 할까요. 더 찾고 구할 것이 없는 지금 이 자리인데…….

진정한 내려놓음

내려놓아라!

진정한 내려놓음은
내려놓을 자가 없다는 것을
아는 것이다.

집으로 가는 길

하는 일이 마음에 들지 않으면 직업을 바꾸면 된다.
아내나 남편이 맞지 않으면 이혼하고 다른 파트너와 살면 된다.
사는 동네에 정나미가 떨어지면 다른 곳으로 이사 가면 된다.
태어난 나라가 성에 차지 않으면 다른 나라로 이민 가면 된다.

그러나 그대가 아무리 싫어해도 달아날 수 없는 것이 하나 있다.
무엇으로부터 달아날 수 없는가?

그대는 자신의 그림자로부터 달아날 수가 없다.
그대가 그림자로부터 달아나기 위해 제아무리 열심히 달린다고 해도
멈추어보면 그대 앞엔 그림자가 서 있을 것이다.

그림자는 무엇인가?
그것은 바로 그대 자신이다.
그대는 자신으로부터 달아날 수가 없다.

자신으로부터 달아나기 위해 그대는
명예와 재산, 술이나 약물, 그도 아니면 섹스나 깨달음을 찾아 나설
수도 있다.

그러나 그것 또한 잠시 동안의 마취에 지나지 않는다.

마취에서 깨어나면 어쩔 수 없이 그대 자신과 또 다시 직면해야만 한다.

이도 저도 아니면
마지막에 그대는 자살을 생각할 것이다.

그러나 자살을 실행한다고 해서 자신으로부터 달아날 수가 있을까?
아무리 싫어서 도망가려 해도 그대는 자신으로부터 달아날 수가 없다.

결국 스스로 변화하는 것 말고는 자신에게서 달아날 방법은 없다.

그러면 어떻게 하면 스스로 변화할 수 있을까?
싫어하는 자신의 그림자를 지울 수 있을까?

다른 방법은 없다.
지금 여기에 있음을 통해 참자아를 깨달아야만 한다.

자신이 서 있는 곳에서 달아나려 하지 말고
지금 처해있는 상황이 아무리 실망스럽고 넌덜머리가 난다 할지라도
한 치 앞이 보이지 않는 캄캄한 암흑 속에 서 있는 것 같이 보일지라도
그 상황을 철저히 지켜보고 자각해야만 한다.

그대는 이미 길 위에 서 있다.
길 위에서 길을 찾고 있다.

자각이 깊어지면
그대는 문득 본성과 만나게 될 것이다.

그리하여 둘로 나누어진 자신이 하나가 될 때
그대는 비로소 집을 찾게 될 것이다.

다시 태어남이란

오후에 메시지가 왔다.

"선생님, 편안한 오후 보내시고 계신지요?

그 동안 선생님께 질문을 해볼까 말까 하고 여러 번 고민했지만
선생님께 누가 될 수도 있다는 생각에 썼다 지웠다 했습니다.

선생님, 요즘 저는 약간 두려운 마음이 들기도 합니다.
저라는 몸, 저라는 사람이 요즘은 완전히 타인처럼 느껴질 때가 너무 많습니다.

그냥 멍하니 또는 생생하게
모든 것이 그냥 들려지고 그냥 보여집니다.

저라는 사람도 먼 산 쳐다보듯 그렇게 느껴집니다.
모든 것이 너무나 깨끗하고 황홀하기도 합니다.

저의 지금 이 상태가 약간 두렵기도 해서
선생님께 꼭 여쭈어 보아야겠다고 생각했습니다.

선생님, 편안한 오후 되세요."

답장을 보냈다.

"이제까지 '나'로 알고 있었던 것이 진짜가 아님이 밝혀졌을 뿐입니다.
제대로 가고 있으므로 걱정할 것은 없습니다.

깨어난 뒤엔 낯익은 것은 낯설어지고
새롭고 낯선 삶에 익숙해져 가는 과정이 필요합니다.

님은 이제 이전에 알고 있던 사람인 아무개가 아닌
영(靈)으로 새로 태어나고 있는 중이니까요."

쉬면서 깨닫기

허공이 어디에도 의지하지 않는 것처럼
본래마음 또한 어디에도 의지하지 않는다.

노력 없이 편안하고 자연스럽게 머물면
그대를 얽어매고 있는 굴레는 사라지고
그대는 한순간도
자유롭지 않은 적이 없음을 알게 되리라.

본래마음인 공호은
스스로 그러하고 언제 어디서나 변함없으므로
이것만이 유일한 실재이다.

모든 수행, 노력과 의도를 포기하고
깨닫겠다는 생각마저도 놓아버려라.
그저 자연스럽게 쉬기만 하라.

그대가 아무것도 붙잡지 않고
모든 것을 놓았을 때
어느 것에도 집착하지 않을 때

본래마음은 스스로 드러난다.

그대를 에워싸고 있는 굴레와 집착은 실재하지 않는다.
그대가 생각과 동일시될 때
분리된 '나'라는 생각이 일어나며
그와 함께 온갖 굴레와 족쇄가 그대를 사로잡게 된다.

그저 자연스럽게 쉬어라.
본래마음이 늘 비어있음을 알아차리면서
일어나는 생각들을 집착 없이 그저 바라보라.

어떤 형상도, 대상도 존재하지 않는
텅 빈 알아차림이 본래마음이다.

생각과의 동일시 없이
단지 자연스럽게 쉬기만 하면
본래마음에 점점 익숙해진다.

본래마음에 익숙해지면
'나'라는 생각 또한 사라지고
깨어있음만이
알아차림만이 있음을 알게 된다.

마음의 평화

마음의 평화는
의도적 노력을 통해 얻을 수 있는 것이 아니다.

모든 갈구함과 의도적 노력이 놓아졌을 때
저절로 찾아오는 것이다.

누가 마음의 평화를 갈구하는가?

구하는 자가 사라질 때
남는 것이 평화이다.

분별이 없는 마음이 평화이며
그 속에서 자연스럽게 흘러나오는 기쁨이
바로 행복이다.

사랑이란

그대가 만일 사랑을 원하다 해도
그대는 사랑을 가질 수 없다.

무엇 때문인가?
그것은 그대 자신이 곧 사랑이기 때문이다.
그대가 그대 자신을 어떻게 소유할 수 있겠는가?

그러므로 그대가 자신이 아닌
다른 사람에게서 사랑을 갈구한다면
그대는 자신이 곧 사랑이라는 진실을 깨칠 수가 없다.

그대는 사랑을 할 수가 없다.
그대 자신이 바로 사랑임을 발견하고 난 뒤에야
사랑이 될 수 있을 뿐이다.

만일 그대가 자신의 판단과 생각에서 벗어나서
다른 사람을 바라볼 수 있다면
그 사람과 사이에 어떠한 분리도 없음을 알게 된다.
그리하여 모든 것이 사랑임을 깨닫게 될 것이다.

존재가 곧 사랑이며
사랑을 떠나서는 아무것도 존재할 수 없기 때문이다.

사랑에 대한 환상에서 깨어나라

사람들은 사랑에 대한 환상을 품고 살아간다.

불완전한 반쪽인 그대가 그대의 불완전함을 채워줄 다른 반쪽을 만나서 그와의 사랑을 통해 온전하게 될 수 있을 것이라는 로맨틱한 환상을 믿으며 산다.

그래서 그대는 자신을 채워줄 반쪽을 찾아서 일생을 헤매고 다닌다.

그래서 몇몇 연인과의 만남과 헤어짐, 몇 번의 결혼과 이혼을 반복해도 여전히 허기와 갈증은 채워지지 않는다.

무엇이 잘못되었는가?

분리되고 불완전한 '나'라는 생각이 문제의 근원이다.

이로 인해 누군가 다른 사람이 필요하다는 생각을 갖게 만들며, 또한 그가 그대를 온전하게 채워 줄 수 있다는 환상을 갖게 만든다.

그러나 슬프게도 타인은 그대를 결코 완전하게 해줄 수가 없다.

불완전한 두 사람이 만나서 서로에게 무엇을 줄 수 있겠는가?

거지와 거지가 만나서 서로에게 무엇을 나눠줄 수 있겠는가?

수많은 연인 관계와 결혼들이 종국에는 파탄과 비극으로 끝나고 마는 것은 바로 이 때문이다.

그러면 어떻게 해야만 할까?
타인에게서 사랑을 구하기 전에 먼저 그대 자신을 돌아보아야만 한다.
'너'와 '나'로 분리되기 이전 그대의 본성을 발견해야만 한다.

그대의 본성은 원래부터 완전한 것이어서 그것을 채워줄 다른 것을 필요로 하지 않는다.
본성은 스스로 자족하며 사랑으로 흘러넘친다.

본성을 발견하면 그대는 스스로를 사랑할 수 있고 나아가 다른 사람 또한 사랑할 수가 있다. 그대 자신과 타인이 분리되지 않는 하나임을 알게 되기 때문이다.
그대가 스스로를 완성할 수 있는 길은 오직 이 길 뿐이다.

본성을 발견할 때, 그대는 사랑이 된다.
혼자 있어도 사랑을 갈구하지 않게 되며 타인과 함께 있어도 어떤 분리감 없이 사랑 속에 머물 수 있게 된다.

왜 홀로 있지 못하는가

그대는 왜 홀로 있지 못하는가?

혼자 있으면 외로움을 느끼는가?
홀로 자족하지 못하고
누군가에게 의지하려 하고 의존하려 하는가?

여기에 다른 이유는 없다.
단 한 가지 이유는 그대가 진정한 자신을 모르기 때문이다.

그대가 진정 무엇인지를 알게 되면
홀로 있든
아니면 다른 누구와 함께 있어도 아무런 상관이 없게 된다.

그대가 느끼는 외로움과 결핍감은
그대가 자신의 진정한 정체를 모르는 데서 기인한다.

그대가 진정한 그대 자신을 깨닫게 될 때
타인은 존재하지 않음을 알게 된다.

그리하여 타인에 대한 갈망이 사라진다.
여기에 자유가 있다.

진정한 행복이란

진정한 행복은 대상에 있는 것이 아니다.

따라서 그대가
돈이든, 권력이나 명예든, 사람이든
아니면 생각이나 느낌이든
대상을 좇아간다면
진정한 행복에 결코 도달할 수 없다.

추구하던 대상을 얻었을 때
그대는 잠시 행복감을 느낄 수도 있겠지만
그것은 머물지 않고 곧 사라진다.

영속적이고 충일한 행복은
마음이 고요하고 청명하게 맑을 때
저절로 찾아온다.

대상에 대한 집착이 없는
평온하고 맑은
마음의 본래상태가

바로 행복이기 때문이다.

따라서 행복은 추구함을 통해 얻을 수 있는 것이 아니다.

추구함을 놓아버리고
마음을 본연의 상태로 돌아갈 수 있도록 허용하기만 하면
그곳에 진정한 행복이 있다.

그러므로 행복해지는 것은 지극히 단순하고 쉽다.
아무런 노력과 의도 없이
그저 존재하라.

그 단순한 무위 속에서
그대는 더없이 행복해질 것이다.

여행의 끝

사랑이 깊어져서 그 끝에 이르면
사랑하는 자는
사랑 속에 녹아서 사라진다.

여행자는
여로를 따라가다
여정의 끝에 다다르면
목적지와 출발지를 잊어버린다.

그 순간 여행자도 홀연히 사라진다.

여행의 끝은
처음 출발했던 지점과 맞닿아 있다.

홀연히 꿈에서 깨어날 때
멀고도 다채로운 여행 또한
끝이 난다.

지복이란

"지복至福이란 어떤 느낌을 말하나요?"

마음공부에 관심이 있는 대부분의 사람들로부터 흔히 듣는 질문이다.

이 같은 질문을 하는 이유는
지복을 황홀감이나 아니면 어떤 특별한 느낌으로 알기 때문이다.

많은 영성 서적들이 특별한, 비일상적 의식 상태에서 경험하는 일체감이나 황홀감, 또는 신비한 느낌들을 상세히 기술하고 있는 것에 따른 것이다.

그래서 마치 이 같은 비일상적 의식 상태를 체험하는 것이 깨달음이라고 오해하게 된다.

지복이라는 말의 사전적인 의미는 '더없는 행복'이라는 말이다.
그러나 지복은 어떤 느낌이나 쾌락이 아니다.

본성을 제대로 알아차리게 되면,
고통도 사라지고, 쾌락조차도 없는 의식상태가 있음을 알게 된다.

어떤 생각이나 느낌도 존재하지 않는다.
쾌락도, 고통도 없는 고요함만이 자리한다.

단지 순수한 각성과 광활한 평화만이 존재한다.
이를 '지복'이라고 부르고 있는 것뿐이다.

선사禪師들은 이를 '아무 맛도 없다'
또는 '한 맛―味'이라고 표현하기도 했다.

쾌락과 고통은 동전의 양면과도 같다.
쾌락에 집착하면 반드시 고통이 뒤따른다.

따라서 그대가 만일 쾌락을 추구한다면,
그에 뒤따르는 고통을 피할 수 없다.

그러나 지복은 쾌락과 고통을 넘어서
존재의 심연에 언제나 있다.

그대가 만일 지복에 눈을 뜨게 된다면,
피할 수 없는 육체적 고통을 느낄 때조차도
지복 속에 있음을 알게 된다.

의심하지 말라

현재 그대가 처해있는 모든 것은
그대가 과거에 생각하고 믿어왔던 것의 결과이다.

그 누구도 그대를 한계 지우고
구속하는 사람은 없다.

모든 한계와 속박은
스스로 만들어낸 것임을 깨달을 때
그대는 저절로 자유로워지고 완전해진다.

만일 그대가 못나고 어리석은 중생이어서
스스로 깨달을 수 없다고 생각한다면
그대는 결코 깨달을 수 없을 것이다.

그러나 그대가 본래부터 완전한 부처임을
조금이라도 믿어 의심하지 않는다면
그대는 머지않아 부처가 될 것이다.

무엇 때문인가?

그대는 자신이 생각하고 믿는 그대로
존재할 수밖에 없기 때문이다.

그러니 의심하지 말라.
그대는 지금 이미 부처의 길을 가고 있음을.

죽기 전에 할 한 가지 일

　몇 년 전에 상영된 영화 가운데 잭 니콜슨과 모건 프리먼이 주연한 〈버킷리스트: 죽기 전에 꼭 하고 싶은 것들〉이라는 제목의 영화가 있었다.

　자동차 정비사 카터(모건 프리먼 분)는 대학 신입생 시절, 철학 교수가 과제로 내주었던 '버킷 리스트'를 떠올린다. 하지만 그로부터 46년이 지난 지금, 죽기 전에 꼭 하고 싶은 일들을 적어보는 '버킷 리스트'는 다만 대학시절이 남긴 쓸쓸한 추억에 불과하다.

　재벌 사업가 에드워드(잭 니콜슨 분)는 돈이 되지 않는 버킷 리스트 따위에는 관심 없다. 기껏해야 최고급 커피를 맛보는 것 외에 자신이 원하는 게 무엇인지 생각할 수도 없을 정도로 심성이 메말라 있다.

　우연히 같은 병실을 쓰게 된 두 남자는 너무나 다른 서로에게서 너무나 중요한 공통점을 발견하게 된다. 그들은 '나는 누구인가?'를 정리할 필요가 있다는 데 공감하고 얼마 남지 않은 시간 동안 하고 싶던 일을 다 해야겠다고 결심한다.

　버킷 리스트를 실행하기 위해 두 사람은 병원을 뛰쳐나가 여행길에 오른다. 아프리카 세렝게티 평원에서 사냥하기, 문신하기, 카레이싱과 스카이다이빙, 눈물 날 때까지 웃어 보기, 가장 아름다운 소녀와 키스하기, 화장한 재를 깡통에 담아 경관 좋은 곳에 두기 등.

그대는 인생의 반환점을 지나 이제 앞으로 살아갈 날들이 점점 줄어들고 있다는 위기감을 느끼는가?

이 때문에 이제껏 실행해보지 못한 채 미련이 남아있는 일들을 지금이라도 해보아야겠다는 생각이 드는가?

펜을 들고서 촘촘히 기억을 더듬어가면서 앞으로 죽기 전에 하고 싶은 일들의 목록인 버킷 리스트를 작성하고 있는가?

아마도 자신이 무엇을 위해서 지금까지 그렇게 악착같이 살아왔는지에 대한 후회와 자괴감이 밀려올 것이다.

만일 그렇다면, 그대의 버킷리스트 첫머리에 '나는 누구인가를 반드시 알고 싶다.'는 항목을 추가하라. 다른 모든 목록들은 다만 부수적인 것이다.

왜인가?

그대가 자신이 진정 누구인지 알게 된다면, 여타의 모든 하고 싶은 일들을 실행하고자 하는 욕구가 사라질지도 모르기 때문이다.

그대는 스스로를 의식하지도 못하고 자신을 잃어버린 채 지금까지 살아왔다.

이제 살아온 날들을 되돌아보니 깊은 회한과 후회, 상실감이 앞선다면 그것은 이 때문이다.

이제 그대 자신으로 돌아가야만 할 때이다.

삶의 모든 순간들과 숨 가쁘게 걸어왔던 지난했던 과정들은 그대가 그대 자신으로 되돌아가는 여정에 지나지 않기 때문이다.

진정한 기도란

진정한 기도란 무엇인가?
그것은 아무것도 바라지 않는 것이다.

왜 아무것도 바라지 않는 것이
진정한 기도인가?

일어나는 일들은
일어나야만 하는 일들이 일어난 것이며
일어나지 않을 일들은
일어나지 않기 때문이다.

따라서 어떤 일이 일어나더라도
그것은 다 좋은 일이다.

그래서 모든 기도는
실행하기도 전에 이미 응답받았다.

이를 아는 사람은
있지도 않은 절대자에게

중얼거리며 응답을 구걸하지 않는다.

일어나는 일 그대로
백 퍼센트 받아들이기 때문이다.

진정한 기도는
갈구함이 아니라
완전한 내맡김이다.

평상심이 깨달음이다

평상심이 깨달음이다.

여기서 그대가 말의 뜻을 좇아가면 또 다시 속게 된다.
평상심이란 평소에 부단하게 일어나는 '생각'을 가리키는 말이 아니다.

그렇다면 생각이 완전히 없는 상태를 가리키는가?

그대가 선정에 들었거나
깊은 잠속에 있거나
아니면 잠시 기절했을 때는
분명 생각이 없다.

그러나 평상심은 이처럼
생각이 없는 마음의 특정한 상태를 가리키지 않는다.
평상심은 평소의 자연스러운 마음을 일컫는다.

자연스러운 마음이란 무엇을 말하는가?

살아있는 동안 생각은 일어나기 마련이다.

그것은 마음의 자연스러운 현상이다.

따라서 자연스러운 마음은
생각을 좇아가거나
아니면 생각이 전혀 없는 상태가 아니다.

생각이 있건 없건
상관하지 않는 것이 자연스러운 마음이며
평상심이다.

따라서 그대가 생각과 동일시되어 생각을 좇아가거나
아니면 생각을 없애려고 노력하게 될 때는
평상심에서 이탈하게 된다.

그대는 이렇게 묻고 싶을 것이다.
"어떻게 하면 자연스러운 마음에, 평상심에 머물 수 있겠습니까?"

그러나 그대가 의도를 갖고 마음을 통제하고 조절하려고 할 때는
이미 자연스러운 마음에서 벗어나 있음을 명심하라.

모든 의도를 놓아버리고 쉬는 것이 자연스러운 마음이다.
떠오르는 생각과 감정을 따라가지도 않고
의도적으로 차단하거나 억누르려고 하지 않는 것이 평상심이다.

마음을 있는 그대로 놓아두면서
떠오르는 생각과 감정을 명민하게 알아차리기만 한다면
알아차림은, 순수한 자각은 점점 더 밝아지게 될 것이다.

알아차림이 환하게 밝아져서 힘을 얻게 되면
생각과 감정은 연속해서 일어나지만
그대는 더 이상 그것들을 좇아가지도, 억누르려 하지도 않게 될 것
이다.

일어나는 생각과 감정은 단지 있는 그대로일 뿐임을 알게 될 것이다.
이것이 바로 평상심이요, 깨달은 마음이다.

제5부

부처는
아무것도 아니다

궁극의 진리란

궁극의 진리란 지극히 단순하다.

그것은 있는 그대로의
본래의 상태로 존재하는 것이다.

그러나 그대는 타고난 본래의 상태를
잊어버렸다.

그대가 해야만 할 것은
무엇을 얻거나 완성하는 것이 아니다.

단지 잊어버린 본래의 상태로 돌아가서
있는 그대로 존재하는 것이다.

거기에 그대가 찾고 있는
궁극의 평화와 행복이 있다.

도道는 닦을 수 없다

도道는 닦을 수도, 닦을 필요도 없다.

무엇 때문인가?
본래부터 완전한 마음을 어떻게 닦아서 더 완전하게 할 수 있겠는가?

오히려 닦으려 하면 할수록 도는 더럽혀지기 마련이다.
무엇 때문인가?
닦으려는 생각이 조작하고 추구하는 분별심이기 때문이다.

모든 추구와 노력 또한 생각임을 보라.

닦으려는 노력과 추구 또한 생각임을 보게 될 때
본래부터 완전한 도는 저절로 드러난다.

부처는 아무것도 아니다

방문자: 부처가 무엇입니까?

벽 공: 아무것도 아닙니다.

방문자: 아무것도 아니라뇨? 모든 이가 부처가 되기 위해 이 공부를 하
는 것이 아닙니까?

벽 공: 진정한 구도求道의 길은 무언가가 되는 것이 아닙니다. 아무것
도 되지 않는 것입니다. 부처는 얻을 수 있거나 될 수 있는 것
이 아닙니다. 부처는 아무것도 아니기 때문입니다.

방문자: 말씀을 들으니 몹시 혼란스럽습니다. 지난 30년 동안을 아무
것도 아닌 것이 되기 위해 제가 이 고생을 해왔다는 말입니까?

벽 공: 그건 당신이 목적지를 잘못 알았기 때문입니다. 사막에서 신기
루를 좇아서 100년을 헤맨다 할지라도 붙잡지 못하는 것과 마
찬가지지요.

방문자: 그러면 저는 이제 어떻게 해야만 합니까?

벽 공: 어떻게 해야만 할 것은 없습니다. 누군가가 되려 하고 누군가 이러 하는 헛된 노력과 추구함을 내려놓기만 하면 됩니다.

당신이 자신으로 알고 있는 모든 정체성을 내려놓을 때, 모든 관념의 옷을 벗고 벌거숭이가 될 때, 그야말로 아무것도 아닌 무언가가 될 때, 당신은 비로소 집에 도착하게 됩니다.

방문자: 지난 30년 동안의 수행과 구도가 모두 헛된 것이란 말인가요?

벽 공: 아무것도 아닌 것이 되기 위해 노력할 필요가 어디 있겠습니까? 당신은 태어날 때부터 아무것도 아니었습니다. 당신이 본래의 자신이 아닌 무언가가, 다시 말하면 부처가 되려했기 때문에 꿈 속을 헤맨 것입니다.

방문자: …….

벽 공: 그렇다고 낙담하거나 실망하지는 마세요. 아무것도 아닌 것이 모든 것입니다.

아무것도 아닌 그 속에 진정한 자유와 평화 그리고 행복이 있기 때문입니다.

바람처럼 자유롭게

"그대는 아무것도 아니며, 아무것도 가질 수도 없다."

그대는 이 말을 받아들일 수 있는가?
정말로 조금의 의심도 없이 이처럼 확신할 수 있는가?
만약 그렇다면, 그대는 해탈한 것이다.

그대는 다만 아무것도 아닌 알아차림
다시 말하면 순수한 의식일 뿐이다.

이것이 존재의 실상이다.
그대의 참모습이다.

그대가 이 생生에서 맡고 있는 모든 역할들은
그저 가면의 얼굴인 페르소나(persona)일 뿐이다.
그것들이 그대의 거짓된 자아를 이루고 있다.

가면의 얼굴이 아닌
페르소나 뒤에 숨겨진
아무것도 아닌 그대 자신을 발견하라.

그러면 죽음을 넘어서게 되리라.

그대가 아무것도 아님을 알았더라도 실망하지는 말라.
그대가 아무것도 아님을 알게 된다는 것은
동시에 그대가 모든 것임이 자명해지는 것이기 때문이다.

그대는 이제 어떤 관념에도
어떤 희망과 절망에도 더 이상 묶이지 않는다.

그대를 묶어놓을 수 있는 굴레와 족쇄는 더 이상 없다.
그대는 그물에 걸리지 않는 바람이 된다.
그대는 무한히 자유롭다.

이것이 진정한 자유의 메시지다.

투명한 하늘 하나 있을 뿐

앞에도, 뒤에도 아무것도 없다
이 세상과 저 세상이 따로 있지 않나니
지금 여기
투명한 하늘 하나 있을 뿐

그대와 나
서로를 바라볼 때
무엇을 보는가
내가 나를 바라보고 있을 뿐

내일도 어제도
이젠 잊어버려라
선과 악
쾌락과 고통이 다르지 않나니

누가
길 위에서
길을 잃고 헤매는가

본래면목本來面目

제자: 부모가 태어나기 전의 본래면목本來面目을 알고 싶습니다.

스승: 정녕 그것을 알고 싶은가?

제자: 그렇습니다.

스승: 그러면 이리 가까이 오라!

제자: 왔습니다.

스승: 눈을 감아라.

제자: 감았습니다.

스승: 탁! (죽비로 머리를 친다)
　　　지금 어떠한가?

제자: 멍하니 아무 생각이 없습니다.

스승: 내 이미 친절하게 답을 일러주었느니라.

깨달음에는 아무 뜻도 없다

깨달음에 깊은 뜻이 있는가?
그대는 무언가 자신이 알지 못하는 심오한 뜻이 깨달음 속에 있으리
라 생각한다.

그래서 깨달음을 이해하려고 수많은 책을 읽고
이곳저곳을 기웃거리며 귀동냥을 한다.

그런 뒤 깨달음에 혼자만의 온갖 상상과 환상을 덧붙이고는
그것에 도달하기 위해 분투하고 노력한다.

그대가 깨달음이다.
깨달음에는 정녕 아무런 뜻도 없다.

단지 찾고 구하는 마음을 쉬고
머릿속의 중얼거림을 멈추어라.

그러면 본래부터 있는 그 마음이
깨달음임을 알게 된다.

모든 것을 꿸 수 있는 하나는

논어論語 '위령공편衛靈公篇'을 보면
공자와 그의 제자인 자공 사이에 다음과 같은 문답이 나온다.

공자가 자공에게 묻는다.
"사賜야, 너는 내가 많이 배워서 그것을 모두 기억하는 줄로 아느냐?"

자공이 대답했다.
"그렇습니다. 아닌가요?"

공자가 말했다.
"아니다. 나는 하나로 꿸 뿐이다—以貫之."

'이인편里仁篇'에서 공자와 증자는 이렇게 묻고 답한다.

공자가 말했다.
"삼(參)아, 나의 도道는 하나로써 꿰었느니라."
증자가 맞받았다.
"옳습니다."

공자가 나가자, 제자들이 증자에게 물었다.
"무엇을 이르신 것인가?"

증자가 대답했다.
"선생님의 도는 충忠과 서恕일 뿐이다."

공자는 '일이관지—以貫之'의 '하나—'가 무엇인지 직접 말하지 않았다.

그래서 증자뿐만이 아니라 후대의 유학자들이 일이관지의 '하나'가 무엇인지에 대해 구구절절한 해석을 내놓고 있다.

배우지 않고, 기억하지 않고 모든 것을 꿸 수 있는 것은 무엇일까?
공자는 그것을 자신의 도라고 말했다.

그대 안에서 모든 것을 꿸 수 있는 하나를 발견하라.
배우지 않고, 기억하지 않아도 모든 지혜가 그 하나에서 솟아 나오리라.

단 한 번의 눈 맞춤

돌아보라.
그대가 찾고 있는 그것이
그대를 찾고 있다.

보는 그것을 보라.

단 한 번의 눈 맞춤이면
족하다.

진정한 그대

일어나는 모든 생각과 감정들은
보고 듣고 맛보고 냄새 맡고 감촉하는 감각체험들은
의식의 작용이며
의식에 의해 관찰되고 인식된다는 것을 명심하라.

그대가 잠을 자든 깨어있든 꿈을 꾸든
무슨 짓을 하든
단 한순간도 의식을 벗어날 수 없다.

그러므로 의식이 모든 것이다.

의식 속에서 나타나는 이러한 작용에서
개인이라는 것은 없다.

모든 것을 포괄하는
단일한 전체의식이
바로 참나요
그대의 진정한 정체이다.

투명한 자각

그대에 대해 진정으로 알고 있는 것은 무엇인가?
기억에 의지해 자신이라고 알고 있는 개념들을 제외하면
그대는 진정 무엇인가?

기억의 거울에 비친 '나'라는 이미지는 그대가 아니다.
비춰진 그림자가 아닌
있는 그대로를 바라볼 때
그대는 과연 어디서 '나'를 찾을 수 있는가?

모든 기억을 소거하고 난 뒤에도
마지막 남아있는 투명한 자각이 진정한 그대이다.

그러므로 어디에서도 '나'의 정체를 찾을 수 없다.
그대는 거울에 비춰진 대상이 아니라
단순히 거울의 비추는 작용이기 때문이다.

이미지로서의 그대는 매 순간 죽는다.
그러나 자각인 그대는 나지도 않고 죽지도 않는다.

그대는 묻는다.

"몸이 사라지고 나면, 스스로 존재함을 아는 자각은 어떻게 됩니까?"

꿈이 끝나면 자각은 망각 속에 묻혀 존재함조차도 모르다가
새로운 몸에 깃들어 또 다른 꿈을 꾸기 시작한다.

도통道通이란

선善과 악惡이란 무엇인가?
생각이다.

밖이란 어디를 말하는가?
생각이다.

수행이란 무엇인가?
생각이다.

삼계란 무엇인가?
생각이다.

윤회란 무엇인가?
생각이다.

삶과 죽음이란 무엇인가?
생각이다.

그대가 알고 있는 모든 것은 생각이 아닌 것이 없다.

그대는 묻는다.

"어떻게 하면 도道에 통할 수 있을까요?"

도라는 것 또한 생각이다.

탁!

한 생각에도 머물지 않는 이 자리가 바로 그것이니

어떻게 말로 일컬을 수 있겠는가?

본래성품

한 생각이 일어날 때
생각이 어디서 일어나는지 유심히 보라.
생각은 어디서 일어나는가?

생각은 텅 빈 자각 속에서 일어난다.
생각이 일어나는 순간 그것에 대한
자연스러운 알아차림이 있다.

생각은 나타났다가 잠시 머물다 사라진다.
오는 곳도, 가는 곳도 없이.

생각이 일어났다 사라지는 텅 빈 자각이
본래의 성품이다.

본성은 생각이 일어나는 바탕이요
생각은 본성의 움직임이며 작용이다.

생각이 일어나는 바탕인 본성을 보게 되면
생각의 흐름은 순간적으로 멈춰지고

본성인 깨어있음이, 알아차림이 드러난다.

그러나 본성은 어떤 말로도
정확하게 표현할 수가 없다.

개념 이전의 그것을
어떻게 말로 표현할 수 있겠는가?

비록 본성이 빛처럼 밝다고 말할 수는 있지만
거기에는 어떤 것도 존재하지 않기에
본성과 같다고 말할 수 있는 것은 아무것도 없다.

본성은 허공도, 빛도 담을 수 있지만
허공도, 빛조차도 본성을 품을 수는 없다.

때문에 본성은 존재하는 모든 것을
그대가 경험하는 어떤 것도 품을 수가 있는 것이다.

본성!
이 하나로부터, 존재하는 모든 것이 흘러나오고
존재하는 모든 것은 이 하나로 돌아간다.

죽음을 넘어서라

죽음이 두려운가?
그래서 그대는 죽음과의 게임에서 승리하고 싶은가?

죽음을 넘어서려면
먼저 죽음이 무엇인지를 알아야만 한다.

단순하게 죽음을 두려워하기보다는
죽음의 실체를 알면 죽음을 넘어설 수 있다.

죽음을 넘어서는 법은 아주 단순하다.
죽음이라는 것도 하나의 개념이요, 생각일 뿐임을 알면 된다.

삶과 죽음은 마음속에 있으며
그 밖의 어디에도 없다는 것만 깨치면 된다.

마음은 모든 것이 일어나는 바탕이다.
마음은 행복과 불행, 쾌락과 고통, 두려움과 안도 등
모든 정신적, 물질적 현상의 근원인 동시에
우리가 삶이라 부르고

죽음이라 일컫는 것의 창조자이다.

그대는 태어나고 죽는 '사람'이 아니다.
그대는 나지도 않고 죽지도 않는 '마음'이요
순수의식이기 때문이다.

그대는 단지 삶을 살아가고 있다고 생각하고 있으며
또 언젠가는 죽어야만 한다고 생각하고 있을 뿐이다.

삶을 살아가는 '나'는 없다.
따라서 죽어야만 할 '나'가 없다는 것을 알면
간단하게 죽음을 넘어설 수 있다.

현존이란

현존이란 무엇인가?

지금 이 순간에 판단이나 분별없이 주의를 기울이는 것이다.

현존의 주체는 어디까지나 알아차림이며
따라서 현존이란 그대가 행할 수 있는 행위가 아니다.
그대 자체가 현존이다.

그러나 그대는 '현존하라.'는 말을 듣고
현존하려고 노력한다.

그렇지만 그대가 만약 현존하려고 노력한다면
역설적으로 그대는 현존할 수 없게 된다.

현존하려고 노력하는 것 자체가 생각인데
그대는 그것이 생각임을 알아차리지 못하고
그 생각과 동일시되기 때문이다.

현존이란 깨어있음과 다른 것이 아니다.

생생한 알아차림이 현존이다.

생각과 동일시되어
과거와 미래로 끊임없이 오가는 것이 아니라
지금 여기에서의 자각이 현존이다.

그대가 현존하기 위해서는
그대 자신이 알아차림임을 확인한 뒤
주의注意가 알아차림에 머물러야 한다.

그래야 생각을 따라가지 않고
지금 여기에서
언제나 여여如如하게 머물 수 있다.

그러므로 현존하려고 노력하지 말라.
노력을 통해 현존할 수 있는 것이 아니다.

다만 본성을 알아차리게 되면
그대 스스로를 깨닫게 되면
노력하지 않아도 저절로 현존할 수 있게 된다.

참나가 되는 법

참나를 아는 것이 참나가 되는 것이다.
그것이 곧 자기 자신의 실체로 돌아가는 것이다.

지금 이 순간에도 그대는 참나이지만
다만 생각 속에서 참나를 찾고 있기 때문에
자신이 참나임을 볼 수 없는 것이다.

눈이 눈을 어떻게 볼 수 있겠는가?

아무런 노력 없이도 모든 것이 보인다는 사실만으로도
눈이 있다는 것을 알 수 있지 않은가?

그러니 이렇게 묻지는 말라.
"어떻게 하면 참나를 깨달을 수 있겠습니까?"

다만 찾으려는 생각만 쉬면
늘 있는 그 자리가 바로 참나이다.

얻는 것과 잃는 것

깨달음을 한자로 보통 '득도得道'라고 일컫는다.
'도道'란 본래마음인 본성을 말한다.

그런데 여기에 맹점이 있다.
득도란 본성을 얻는다는 말이다.

본성이란 모든 사람들의 완전한 마음이다.
아니, 모든 사람들이 이미 완전한 마음 자체이다.
그런데 어떻게 다시 본성을 얻을 수 있겠는가?

득도라는 말을 잘못 이해했기 때문에
이 길에 들어선 많은 사람들이
깨달음을 얻고 완성해야만 하는 어떤 것으로 오해하게 된다.

깨달음은 얻을 수 있는 대상이 아니다.
태어날 때부터 간직하고 있는 본래마음으로 되돌아가는 것이다.

그대는 본래마음을 잃어버리지 않았다.
본래마음은 그대 자신인데 어떻게 잃어버릴 수 있겠는가?

깨달음은 얻을 수 있는 것이 아니다.
그대가 본래마음임을 다시 발견하는 것이다.

무엇이 본래마음을
그대 자신을 바로 보지 못하게 가로막고 있는가?
깨달음을 구하고 얻으려 하는 그 놈은 누구인가?

깨달음을 얻으려 하는 놈이 거짓임이 밝혀질 때
본래마음은 저절로 드러난다.

행위자로서의 '나'가 사라질 때
그대는 스스로 본래마음임을 알게 된다.

따라서 깨달음은 얻어지는 것이 아니라
오히려 얻으려하는 의도를 놓아버림으로써
원래의 자기 자리로 되돌아가는 것이다.

그러므로 깨달음은 얻을 것이 없다.
도리어 그대가 그토록 소중하게 여겨왔던 '나'를
잃어버리는 것이 깨달음이다.

제6부

개벽을 위하여

21세기의 마음공부

꿈을 꾸고 있는 동안은 꿈의 내용은 모두 알 수 있지만, 꿈에서 깨기 전에는 꿈꾸는 자가 누구인지 알기 어렵다.

이와 마찬가지로 인간이라는 종種은 현상계의 모든 신비를 파헤치고 있는 듯하지만 정작 자신의 진정한 정체를 알지 못한다.

왜 그러한가?
거의 모든 사람들이 개념을 실재로 아는 집단최면에 걸려있기 때문이다.
마음이 스스로를 망각해버린 것이다.

한두 사람도 아니고 거의 모든 사람에게 어떻게 이런 일이 일어날 수 있을까?
정말 경이롭고 신비로운 일이다.

자신도 모르게 생각과 감각을 좇아가는 집단최면에서 빠져나오려는 몸부림이 이른바 '마음공부'다.
마음이 스스로를 알려고 몸부림치다 보면 어느 순간 '나'로 알고 있었던 것이 허상임을 깨닫게 되면서 비로소 집단최면에서 깨어나게 된다.

최면에서 깨어나고 보면 이 공부는 황당한 것도, 신비로운 것도 아니요 지극히 당연하고 온전한 것임을 알게 된다.

그러나 여전히 이 공부를 둘러싼 온갖 억측과 황당한 미신들 그리고 종교적 신비주의 때문에 보통 사람들이 여기에 입문하기란 쉬운 일이 아닌 것이 현실이다.

생각 이전의 마음을 가리킨다고 해서 언어와 논리를 사용하지 말아야 한다고 주장하는 것은 어불성설이다. 비록 말로 표현될 수 없지만, 말을 통하지 않고서 어떻게 이 자리를 가리켜 보일 수 있겠는가? 오히려 언어와 논리를 유효적절하게 사용하기만 하면, 이를 통해 개념과 생각을 넘어서게 할 수가 있다. 다시 말하면 언어를 통해 언어를 넘어서게 할 수 있다는 것이다.

많은 사람들이 두루 마음공부에 접근하게 하려면, 가르치는 방법부터 혁신되어야만 한다. 수행이니 뭐니 하면서 애꿎은 몸을 괴롭힐 것이 아니라 즐겁고 재미있게 그리고 일상생활 속에서 쉽게 적용할 수 있는 방편이 개발되어야만 한다.

그리고 거의 모든 사람들이 미혹에 빠진 이유와 거기서 빠져나오는 방법을 누구나 이해할 수 있도록 쉽게 설명해야 한다. 또 단계별로 적절한 관심과 훈련을 거치면 누구나 생각에의 집착으로 인해 야기되는 스트레스와 분노를 스스로 통제할 수 있다는 사실을 실증할 수 있어야 한다. 그리고 여기서 한걸음 더 나아가 생각을 넘어 본성을 깨닫게 할 수 있어야만 한다.

이제는 마음공부도 주먹구구식이 아닌 실증적인 방법론의 옷을 입어야만 신비주의의 그늘에서 벗어나 보통 사람들에게 확산될 수 있다. 이는 단지 실현 불가능한 이상적인 이야기가 아니라 충분히 실현 가능함을 그동안의 실험을 통해 확인할 수 있었다.

이제 마음공부는 몇몇 소수의 사람들이 '구도求道'라는 이름으로 행하는 별스러운 취향이라는 인식에서 벗어나야만 한다. 무엇 때문인가? 이 공부를 하지 않으면 누구도 생각이 지어내는 고통에서 해방될 수 없기 때문이다.

그래서 누구나 학교에 입학하는 것처럼 누구나 이 공부를 해야만 한다는 인식이 확산되어야 한다. 그러기 위해서는 마음공부가 현실생활과 밀접하게 결부되어야만 한다.

마음공부를 하면 일상생활에서 실제로 스트레스를 받지 않고 업무에 대한 집중도 높아지며, 직장에서의 승진뿐만 아니라 사업에서도 성공하기 쉬워진다는 것을 실증적으로 보여주어야만 사람들이 마음공부에 관심을 기울이게 될 것이다.

나아가 마음공부의 결과로 타인을 이해하고 배려할 수 있는 마음의 폭이 넓어지고 삶에 대한 만족도와 행복도가 더 높아지는 것을 누구에게나 체감시킬 수 있다면, 굳이 권하지 않아도 사람들은 이 공부를 찾게 될 것이다.

개벽을 위하여

수운, 해월, 소태산 등 근대 한국의 선각자들은 이구동성으로 머지 않아 후천세계가 도래할 것임을 예견했다. 그들이 미리 본 후천세계를 과연 언제쯤 우리는 만나게 될까?

선천세계에서 후천세계로 넘어가는 전이는 눈에 보이는 것이 아니기 때문에 그 변화를 눈치 채기는 어렵다. 마치 새벽에 동이 틀 때, 어둠과 밝음이 분간되지 않는 어슴푸레한 여명이 한동안 지속되다가 갑자기 세상이 밝아져 있음을 깨닫는 것과도 같다.

이는 눈에 보이는 물질 세상에서의 변화가 아니라 마음에서 일어나는 변혁이기 때문이다. 그러나 보이지 않는 이 변혁은 결국 물질세계 조차도 그 모습을 바꾸게 만든다. 마음이 모든 것의 근원이며, 마음밖에는 다른 것이 없기 때문이다.

그러면 선천세계와 후천세계를 구분 짓는 가장 특징적인 변화는 무엇일까? 한 마디로 말한다면, 그것은 인심人心에서 도심道心으로의 전환이다.

인심이란 에고 중심의 마음을 말하며, 도심이란 분별을 떠난 생각 이전의 본래마음을 말한다. 따라서 마음이 인심에서 도심으로 전환된 다는 것은 곧, 사람들이 본래마음을 깨닫는다는 뜻이다. 에고의 꿈속 에서 깨어나 무분별의 지혜를 증득해서 분쟁과 다툼을 털어버리고 자 유롭고 조화로운 삶을 살아가게 된다는 말이다.

우리의 선각자들은 이 같은 인간정신의 근본적인 변혁을 가리켜 '개 벽開闢'이라고 불렀다. 개벽은 물질세상이 거꾸로 뒤집히는 것보다도 더 근원적인 변화이기 때문에 이를 기준으로 해서 개벽 이전의 세계 를 '선천先天'으로, 개벽 이후를 '후천後天'으로 나누었던 것이다.

지금은 선천에서 후천으로 바뀌는 여명기다. 보이지 않게, 사람들이 알아차리지 못하는 가운데 개벽이 일어나고 있다는 말이다. 달리 말 하면 많은 사람들의 의식이 인심에서 도심으로 전환되고 있다는 뜻이 다. 자기 본성을 깨닫고 에고의 꿈에서 깨어나고 있는 것이다.

우리의 마음은, 의식은 심층으로 내려가면 '너'와 '나'의 구분이 사라 진다. 그러므로 '나'의 깨어남이 곧 '너'의 깨어남에 영향을 미치며, '너' 의 깨어남 또한 '나'를 깨어나게 해서 종국에는 '너'와 '나'가 사라진 한 마음으로 남게 된다.

따라서 깨어남은 개인이 깨달음을 성취하는 것이 아니라 본래부터 전일全一한 의식이, 한마음이 스스로 착각하고 있던 '개인'이라는 꿈에 서 깨어나는 것이다.

그러므로 의식의 깨어남은 반드시 연쇄반응을 일으키게 된다. 그래서 한 사람이 진정으로 깨어나게 되면 그를 중심으로 자연스럽게 회상이 형성되고 잇달아 사람들이 깨어나게 되는 것이다.

머지않아 사람들이 덩달아 동시에 깨어나는, 깨달음의 연쇄반응이 일어날 것이다.

추수할 시기는, 개벽의 때는 이미 시작되었다.

여기저기서 추수할 일꾼들이 나타나 가을들판을 누비며 잘 익은 알곡들을 거둬들일 것이다. 그리하여 다 함께 부르는 풍년가가 가을걷이를 끝낸 들판에 울려 퍼질 것이다.

패러다임의 전환과 깨달음

미국의 과학자 토마스 쿤(Thomas Khun)은 자신의 저서인 『과학혁명의 구조』에서 어떤 한 시대 사람들의 사고를 근본적으로 규정하고 있는 인식의 체계 또는 사물에 대한 이론적인 틀을 '패러다임'이라고 정의했다.

쿤은 과학의 발전에 있어서 과학자들의 개인적인 역량이나 창의성보다는 전체적인 틀인 패러다임에 주목했고, 이것이 전체 과학을 지배하는 개념이라고 주장했다.

그는 하나의 패러다임이 계속 과학을 지배하다가 더 이상 기존의 패러다임으로는 설명될 수 없거나 풀 수 없는 새로운 문제가 나타날 때 기존의 패러다임은 새로운 패러다임에 의해 대체된다고 설명한다.

깨달음 또한 의식에 있어서의 패러다임의 전환이다. 그러나 깨달음은 과학적 패러다임의 전환과는 그 성질이 다르다.

과학적 패러다임은 새로운 패러다임이 출현할 때까지 한시적으로 기능하는 인식의 체계인 반면 깨달음은 더 이상의 새로운 패러다임을 필요로 하지 않는 궁극의 실재를 아는 것이기 때문이다.

달리 말하면, 패러다임도 어디까지나 하나의 개념일 뿐인 반면 깨달음은 개념을 넘어서기 때문에 더 이상 알아야 할 것이 없는 것이다.

그러나 과학적 패러다임의 전환과 깨달음 사이에는 유사성도 있다.

기존의 패러다임이 새로운 패러다임으로 바뀌는 패러다임의 전환은 점진적으로 이루어지는 것이 아니라 언제나 갑작스럽게 이루어진다. 그래서 그 과정을 그래프로 표현한다면 완만한 곡선이 아니라 계단 모양으로 그려지게 된다.

깨달음 또한 이와 같다.

본성을 보게 됨으로써 일어나는 인식의 전환은 갑작스럽게 단박에 일어나며 그 결과 인식의 중심축이 에고에서 본성으로 옮겨가게 된다.

그래서 눈에 보이는 세상은 여전히 이전 그대로이지만, 완전히 다른 세상처럼 인식하게 된다.

이 같은 인식 패러다임의 전환은 그 사람의 존재 자체를 변화시킨다. '거듭 남', '부활'이라는 말은 이를 가리킨다.

그대가 만약 진정으로 본성을 깨달았다면, 스스로 인식과 행위가 이전과는 달라졌음을 자각할 수가 있다. 그리고 주변 사람들도 그것을 은연중에 알 수가 있다. 만약 그렇지 못하다면 그대는 '나도 깨달았다.'는 망상 속에 있는 것이다.

　진정으로 패러다임의 전환이, 자신에 대한 인식의 전환이 일어나면 그 사람이 하는 말과 글이 달라진다. 말과 글은 그 사람의 존재에서, 인식에서 나오기 때문이다.

더 찾지 말라

벽 공: 어디서 오셨나요?

방문자: 서울에서 오는 길입니다.

벽 공: 그렇군요. 마음공부는 언제부터 하셨나요?

방문자: 대학교 불교학과를 나와서 지금은 군종 장교로 근무하고 있습니다. 그동안 혼자서 나름대로 수행을 열심히 해왔지만 뜻대로 되지 않아서 답답해하고 있던 차에 서점에서 우연히 선생님의 책 『깨달음 혁명』을 발견하고 부산까지 한걸음에 내달려 왔습니다.

벽 공: 좋습니다. 제대로 찾아오셨습니다. 깨달음은 어려운 것이 아니지만 그동안의 경험으로 보면 특히 직업 종교인들은 깨닫게 하기가 어렵더군요. 왜 그럴까요?

방문자: 글쎄요. 그것은 아마 깨달음에 대한 고정관념 때문이 아닐까요?

벽 공: 맞습니다. 미리 말씀드리지만 이 공부는 지식과 개념을 전달

하는 공부가 아닙니다. 당신이 현재 가지고 있는 고정관념들을 하나씩 내려놓기만 하면 드러나는 것이 본성이요, 그것을 아는 것이 깨달음입니다. 그리고 마지막엔 '나란 관념을 내려놓으면 공부는 끝이 납니다.

방문자: 그렇지만 관념을 내려놓기란 쉽지가 않습니다. 저도 모르게 특정한 관념에 고착되어있기 때문입니다.

벽 공: 그렇습니다. 그래서는 저는 수행하라는 말과 생각과 관념을 내려놓으라는 말은 잘 하지 않습니다. 그보다는 자신 속에서 생각과 관념이 아닌 것을 알아차리라고 주문합니다. 생각과 관념이 아닌 것이 실재이고 참나이기 때문입니다. 참나를 알아차리면 생각과 관념은 자연스럽게 내려놓게 되기 때문입니다. 따라서 이 방법이 더 직접적이고 쉬우며, 시간도 오래 걸리지 않습니다. 우선 자신이 아는 모든 것이 생각이고 개념이라는 것은 인정합니까?

방문자: 물론입니다. 인정합니다.

벽 공: 좋습니다. 그럼 지금부터 내면에서 생각과 개념이 아닌 자리를 저와 함께 탐색해봅시다.

그렇게 주고받는 문답 속에서 한 시간 정도가 지났다.

방문자: 저도 그동안 수행을 해오면서 모든 것은 알아차리는 자리가 언제나 있다는 것은 알고 있습니다. 그러나 알아차리는 자리를 알아차리는 또 다른 실체가 있어서 그것을 보는 것이 깨달음이라고 알고 있습니다. 그런데 선생님의 말씀을 들으니 그것이 착오인 줄을 알겠습니다.

벽　공: 그렇습니다. 알아차리는 자리를 알아차리는 또 다른 무엇은 없습니다. 그것은 망상입니다. 아무것도 없는 데서 모든 것에 대한 알아차림만 있습니다. 그것이 당신의 진정한 정체입니다. 지금 창 밖에서 들려오는 자동차 지나가는 소리는 누가 듣고 있습니까?

방문자: ……. 모르겠습니다.

벽　공: 그렇습니다. 저 소리를 듣는 사람은 없습니다. 듣는 사람이 없어도 저 소리는 저절로 알아차려지고 있지 않나요?

방문자: 그렇습니다. 노력하지 않아도 저절로 알아차려지고 있습니다.

벽　공: 맞습니다. 의도하지 않고 노력하지 않아도, 생각하지 않아도 저절로 보고 듣고 맛보고 냄새 맡는 모든 것들과 일어나는 생각과 감정을 알아차리고 있는 아무것도 아닌 그것이 본성입니다.

방문자: 저도 선생님의 말씀이 그동안 제가 읽고 배워온 여러 조사 스

님들의 말들과 정확하게 일치된다는 사실이 너무나 확연해서 사실 놀라웠습니다. 그러나 한편으로 이것이 전부라고 하기에는 너무 허탈하다는 느낌도 있습니다. 무언가 그것 이외의 다른 것이 있을 것이라는…….

벽 공: 더 찾지 마세요. 더 찾아봐도 다른 것은 없습니다. 그 모든 추구가 또 하나의 생각일 뿐입니다.

근처 식당에서 점심을 함께하고 커피숍으로 자리를 옮겨서 다시 대화를 나눴다.

방문자: 사실 그동안 제 나름대로 열심히 수행을 해왔지만 아무런 진전이 없어서 가슴이 답답했습니다. 선생님을 만나 뵙고 돌아보니 그것이 모두 깨달음에 대한 그릇된 고정관념 때문임을 알겠습니다. 이대로 모두 본성 아닌 것이 없고 아무 문제가 없는데……. 이제 정말 홀가분하고 자유로움을 느낍니다.

벽 공: 그동안 고민해왔던 모든 것들이 생각이었음을 아는 순간 비로소 관념에서 빠져나오게 됩니다. 세상 사람들은 모두 실재하는 세상에 살고 있다고 여기지만 사실 그 세상은 생각과 관념으로 만들어진 세상입니다. 그래서 그 세상은 꿈과도 같은 것입니다. 그리고 그 꿈 중에서 가장 고질적인 꿈이 바로 '나'라는 생각입니다.

방문자: 꿈 이야기를 하시니 제가 어젯밤 죽는 꿈을 꾸었습니다. 그리고 부산으로 내려오기 전 오늘 새벽에는 대통령을 만나서 어떤 일을 도모하는 꿈을 꾸었습니다. 여하튼 부산에 오기를 잘한 것 같습니다. 서울로 돌아가서도 궁금한 점이 있으면 연락드려도 되겠습니까?

벽　공: 물론입니다. 환영합니다.

만유인력과 깨달음

1666년 어느 날, 아이작 뉴턴은 과수원의 사과나무 아래서 졸고 있었다.

졸고 있는 뉴턴의 머리 위로 사과 하나가 떨어졌다. 사과 때문에 놀라서 잠에서 깬 뉴턴은 문득 사과가 왜 위에서 아래로 떨어지는지에 대해 의문을 갖게 되었다.

자신의 의문에 대한 해답을 찾기 위해 몰두한 그는 마침내 사과가 아래로 떨어지는 데에는 어떤 힘이 작용한다는 사실을 깨달았다. 즉 질량을 가진 물체들 사이에는 서로 끌어당기는 힘이 존재한다는 사실을 밝힌 것이다. 이 힘은 중력 또는 만유인력이라 불린다.

그리고 뉴턴은 만유인력은 비단 지구와 사과 사이에만 존재하는 것이 아니라 행성을 포함해 우주의 모든 만물에 적용된다는 사실을 깨달았다.

2,500년 전 붓다는 보리수 아래서 떠오르는 샛별을 보고서 진리法를 발견했다고 전해진다. 사실 붓다가 발견한 진리는 모든 존재의 궁극적인 근원이기 때문에 뉴턴의 발견과는 비교할 수 없이 중요한 것이다.

진리를 깨닫고 나서 붓다는 이렇게 말했다.

"법法은 내가 오기 이전에도 있었고, 내가 가고 난 이후에도 여전히 있을 것이다."

붓다에 의하면 법은 자신이 창조하거나 완성한 것이 결코 아니며, 자신은 법을 발견한 뒤 거기에 이를 방법과 길을 제시한 것에 불과하다는 것이다.

뉴턴이 발견한 만유인력의 법칙과 붓다가 발견한 법은 본질상 엄연한 차이가 있다.

그 차이란 무엇인가?

그대가 만유인력의 법칙을 알았다 하더라도, 또는 설사 모른다 하더라도 그것이 그대의 존재와 삶에는 별다른 영향을 끼치지 않을 것이다. 그러나 그대가 만일 법을 깨닫게 된다면, 그대의 존재와 삶 전체가 변하게 될 것이다.

뉴턴이 발견한 만유인력은 실험과 이해를 통해서도 실증될 수 있지만, 붓다가 발견한 법은 그렇지가 않다.

법은 개념과 이해를 넘어서 있기 때문에 반드시 본인 스스로가 깨달아야만 그것이 실제성을 지니게 된다.

그대는 이미 진리요 법이다.

다만 그대 자신이 그것을 모르고 있을 뿐이다.

깨어나라!
그러면 그대는 모든 것 위에 올라서게 될 것이다.

생명의 기원을 밝혀줄 열쇠

인간은 지금까지 과학을 통해 생명의 기원에 대해 탐구해왔다.

그러면서 생명이 어디서 왔는지에 대한 여러 가지 가설들을 지어내지만 아무런 결론에 도달하지 못한다. 그리고 인류가, 나아가 생명이 언제까지나 지구상에서 살아남을 수 있을지 궁금해한다.

그러면서도 생명의 기원에 대한 해답이 자기 안에 있는 줄은 모른다.

다른 것이 아닌 그대가 지금까지 생명 진화의 총체적 결과다. 그래서 생명의 기원이 어떻게 시작되었는지에 대한 열쇠도 그대 안에 숨겨져 있다.

그대의 몸에 생명의 메시지가 숨겨져 있으며, 그대가 바로 생명이다.
생명은 스스로를 창조하고 스스로를 조직하며, 스스로 진화한다.

비록 개개의 생명체와 개개의 종種은 와해되고 소멸될지라도 생명 자체는 결코 와해되거나 소멸되지 않는다.
생명은 또 다른 모습으로 스스로를 창조하기 때문이다.

과학은 개념을, 생각을 도구로 사용하는 탐구의 방편이다.

따라서 개념의 한계를 결코 넘어서지 못한다. 그래서 생명의 기원에 대한 궁극적인 결론을 내릴 수가 없다.

그러나 생명은 개념을 넘어서 있다.

개념을 넘어서면 그대가 바로 생명의 본질임을 깨닫게 된다.

생명 안에 모든 것이 있으며, 실재하는 것은 생명뿐이다.

그대가 자신이 불멸의 생명임을 발견할 때, 그대는 죽음을 경험하지 않게 될 것이다.

죽음을 넘어서려면

이 공부는 시작하는 사람도 적지만, 끝까지 가는 사람은 더더욱 드물다.

여기서 끝까지 간다는 것은 어떤 경우를 당하더라도, 심지어는 죽음이 닥쳐온다 할지라도 초연히 받아들일 수 있을 정도로 공부가 깊어진 경우를 말한다.

이 공부를 처음 시작하는 장본인은 에고이다.

살아가면서 에고가 무르익어서 부풀어질 때 상대적으로 그에 따른 심적 고통이 심화되며, 그 고통에서 벗어나기 위해서 이 공부를 찾게 된다. 따라서 에고가 없으면 깨달음도 없으며, 미혹이 없으면 해탈도 없다.

그래서 깨달음을 찾는 것은 어디까지나 에고이다. 에고가 참나를 찾는 도중에 찾고 있는 자신이 허상임을 깨침으로서 본래의 참나로 되돌아가는 것이 깨달음이기 때문이다.

그러나 많은 경우 비록 본성을 흘깃 본다 할지라도 에고적인 습성은 상당 기간 남아서 존속한다.

에고는 다른 것은 모두 이해하고 볼 수 있다 할지라도 스스로는 되돌아보지 않는다. 만약 에고가 스스로를 정확하게 볼 수 있다면 에고는 존속할 수 없기 때문이다.

설령 일별을 한다 할지라도 에고 중심적인 습성이 남아있는 한 망상에서 헤어날 수가 없을 뿐만 아니라 경계를 당하면 그 동안의 공부가 아무런 힘을 쓰지 못하고 나무아미타불이 되고 만다.

근대 한국 선불교禪佛敎의 중흥조인 경허鏡虛 선사가 그러했다. 그는 당시 불교경전을 가르치는 뛰어난 강백으로 이름을 떨치고 있었다. 어느 날 그는 옛 스승을 찾아 한양으로 가던 중 한 마을을 지나게 되었다. 심한 폭풍우 속에서 하룻밤 묵어가기를 청했으나, 그 마을에는 심한 돌림병이 돌아서 집집마다 문을 굳게 걸어 잠그고 열어주지 않았다.

마을 밖 정자나무 아래에 앉아서 밤새 비를 맞으며 죽음의 공포에 시달리던 그는 이제까지 '생사불이生死不二'를 문자 속에서만 알고 있었다는 사실을 뼈저리게 깨닫고 새롭게 발심을 했다. 그는 가던 발걸음을 되돌려 동학사로 되돌아와 석 달 동안 절치부심하면서 참구하다가 제자가 "소가 되어도 콧구멍이 없는 소가 되어야지."라는 말의 뜻을 묻자 홀연히 모든 의심이 풀리면서 크게 깨달았다.

경허 선사 또한 초기엔 알음알이로만 본성을 알고 있었을 뿐이지 본성과 하나가 되지는 못했다. 본성과 하나가 되지 못한 채 경계를 당하면 아무런 힘을 쓰지 못한다. 그는 전염병이 돌던 마을에서 하룻밤을 지내면서 그 사실을 절감했고 다행히 그것을 계기로 새롭게 공부하기로 발심을 했기 때문에 진정으로 깨칠 수가 있었다.

그러나 대개의 경우는 여기까지 가지를 못한다.

'나도 이제 알만큼 안다.'는 에고의 자아도취에 빠지거나, 얼핏 본성을 맛 보고 생각이 쉬어지면 공부를 그만둔다. 에고가 더 이상 가다가는 자신이 사라질 것 같은 위기감을 느끼기 때문이다. 에고는 그만큼 영특하다.

그토록 오랜 시간과 노력을 투여해서 어렵사리 나도 깨달았는데, '깨달은 나'를 버리기가 아깝고 싫은 것이다.
그러나 명심하라. '깨달은 나'를 가지고서는 죽음을 넘어설 수는 없다.
'생사불이'에는 '나'가 끼어들 자리가 없기 때문이다.

그래서 예로부터 이 공부는 진정한 대장부만이 할 수 있는 공부라고 일컬어왔던 것이다. 자신의 목을 스스로 칼로 벨 수 있는 용기와 결단력 없이는 죽음을 넘어갈 수가 없기 때문이다.

그러나 어느 길을 가든 그 또한 그대의 선택이다.

과녁 꿰뚫기

질문자: 법문이나 강의 준비는 어떻게 하십니까?

벽 공: 준비나 예행연습 같은 것은 하지 않습니다.

질문자: 아니, 아무런 준비 없이 어떻게 세 시간의 법문이나 강의를 할 수가 있습니까?

벽 공: 법문은 개념이나 지식을 전달하는 것이 아닙니다. 지금 이대로 완전한 존재 그 자체에 눈을 뜨게 하는 것입니다. 지금 이대로 이미 완전한 그것을 알려주기 위해 무슨 준비가 필요합니까?

새소리, 물소리, 바람소리, 파도소리, 자동차가 빵빵거리는 소리, 이 모든 것들이 법문 아닌 것이 없습니다.
일어나는 모든 소리들이 법문인데 그것을 전달하는 데 무슨 예행연습이 필요합니까?

질문자: 그렇지만 준비를 하는 것이 더 효과적이지 않습니까?

벽 공: 법문은 행하는 자가 없습니다. 다시 말하면 행위자의 관점에

서 나오는 것이 아닙니다. 질문에 대한 답변은 저절로, 연기적으로 존재 그 자체에서 흘러나옵니다. 따라서 법문은 있어도 법문하는 사람은 없습니다. 이 점이 세간의 강의나 강연과의 차이점입니다.

따라서 듣는 사람이 '듣는 자'가 없이 법문을 들을 때, 말뜻을 따라가지 않을 때 법문은 화살처럼 정확히 존재의 과녁을 꿰뚫게 됩니다. 그때 그는 비로소 본성을 보고 깨어날 수 있습니다.

질문자: 그렇다면 법문 자체보다는 듣는 자의 태도와 수용이 더 중요하다는 말씀이군요?

벽 공: 당연하지요. 손가락으로 달을 아무리 가리켜도 듣는 사람이 딴 생각을 하고 있다면, 달은 눈에 들어오지 않는 법입니다. 자신이 기존에 알고 있는 지식과 알음알이의 관점에서 법문을 들으면 결코 달을 볼 수가 없습니다. 개념과 생각으로 어떻게 생각 이전의 자리를 알아차릴 수 있겠습니까?

질문자: 그러면 듣는 사람은 어떻게 해야만 합니까?

벽 공: 해야만 할 것은 아무것도 없습니다. 무엇을 하려는 의도 자체가 달을 가려서 보이지 않게 합니다. 이해하려고도 하지 말고, 해석하려고도 하지 말고, 법문이 가리키는 바를 그냥 보기만 하세요. 그러면 깨달음은 정말 쉬운 것입니다.

천재와 범재

영화 〈아마데우스〉를 보면 모차르트의 재능을 시기하던 궁정 악단장 살리에르는 이렇게 외친다.

"신이시여, 주님께선 제게 갈망만 주시고 절 벙어리로 만드셨으니, 왜입니까? 말씀해주십시오. 만약 제가 음악으로 찬미하길 원치 않으신다면 왜 그런 갈망을 심어 주셨습니까? 갈등을 심으시고는 왜 재능을 주지 않으십니까?"

그저 음악이 좋아서 음악가의 길을 선택한 살리에르는 노력에 노력을 거듭한 끝에 궁정 악단장이 되었으나 모차르트를 만나고서는 그가 도저히 넘어설 수 없는 벽을 느낀다. 아무리 노력해도 자신은 도저히 도달할 수 없는 음악의 세계를 보았기 때문이다.

그래서 그는 모차르트의 재능을 시기하게 되고 마침내 모차르트를 파멸로 몰아가려는 계획을 세우고 이를 실행에 옮긴다.

모차르트와 살리에르로 대표되는 천재와 범재 사이엔 어떤 차이가 있는가?
본질적으로는 아무런 차이도 없다.

왜 그런가?

어떤 재능도 어떤 사람이, 개인이 소유한 것이 아니기 때문이다.

어떤 천재적인 예술적 재능이나, 발명이나 발견도 하나의 근원인 마음자리에서 나오기 때문이다. 그 근원을 전체의식 또는 잠재의식이라고 부르기도 한다.

사람은 단지 그것이 흘러나오는 통로일 뿐이다.

피리소리는 피리를 통해 흘러나오지만, 피리가 음악을 연주하는 것이 아닌 것처럼.

천재란 단지 저 미지의 근원으로부터의 소식을 자신을 통해 흘러나오게 하는 방법을 아는 사람일 뿐이다. 그러나 대부분의 경우 자신도 이 사실을 잘 의식하지 못한다.

살리에르는 모차르트의 음악 세계를 알아보는 안목이 있었다. 그러나 그는 자신의 노력을 통해 거기에 도달하려고 했다. 그래서 그는 신을 향해 이렇게 절규한다.

"욕망을 주셨다면 재능을 주셨어야지!"

노력과 행위를 통해서는 근원에 도달할 수 없다.

노력과 행위를 놓아버렸을 때, 근원에서 음악은 저절로 흘러나온다.

반면 망나니 같은 모차르트는 애쓰지 않고 노력하지 않았다.

무심의 상태에서 샘솟듯 내면에서 흘러나오는 선율을 그저 종이 위에 음표로 옮겼을 뿐이다.

모든 아이는 천재로 태어난다.
그러나 자라면서 대부분의 아이들은 범재가 되고 만다.

무엇이 잘못되었는가?

네가 하늘이란다

손   녀: 할아버지, 저기가 어디에요?

할아버지: 응, 사람들이 백악관이라고 부르는 곳이란다. 커다란 새장
        같은 곳이지.

손   녀: 뭐하는 곳이에요?

할아버지: 자기들이 세상을 다스린다고 착각하는 새들이 모여드는 곳
        이지. 다른 새장은 새들이 벗어나려고 안달하지만, 유독 저
        곳은 새들이 새장 속에 갇히기를 원하지.

손   녀: 왜 그런가요?

할아버지: 새들이 누리는 진정한 자유와 참삶을 모르기 때문이야. 그
        들은 자유와 구속을 혼동한단다. 그래서 그들은 하늘을 자
        유롭게 날기보다는 새장 속에 갇히길 원하지. 새장 속에 들
        어가면 안전할 것 같고 권세와 위엄이 있어 보이니까. 하지
        만 그건 다 저 혼자 꾸는 꿈일 뿐이야.

손　　녀: 할아버지, 그러면 새들이 누리는 진정한 자유와 참삶은 어떤 건가요?

할아버지: 노래하고 싶을 땐 노래하고, 날고 싶을 땐 마음껏 나는 거란다. 자유를 아는 새는 새장 속에 들어가려고도, 다른 새들을 다스리려고도 하지 않지. 오히려 새장 속에 갇힌 새들을 가엽게 여기지.

손　　녀: 할아버지, 나도 새장 속에 들어가긴 싫어요. 자유롭게 살고 싶어요. 푸른 하늘을 훨훨 날고 싶어요.

할아버지: 아가야, 사실은 네가 하늘이란다. 저 위에 펼쳐진 것이 하늘이 아니라 네가 진짜 하늘이란다. 하지만 네가 그것을 알지 못하면, 다른 새들처럼 새장 속에 갇히게 된단다. 명심하렴, 이 할애비의 말을.

동상이몽 同床異夢

한 방에서 열 명의 사람들이 함께 잠을 자고 있다.
사람들은 잠을 자면서 제각기 꿈을 꿀 것이다.

꿈속에서도 시간과 공간, 도시와 거리, 사람들이 있고 이러저러한 사건들이 벌어져 각자 꿈을 꾸면서 기뻐하기도 하고 슬퍼하기도 할 것이다. 그러나 누구의 꿈도 다른 사람의 꿈과 같지는 않다.

갑순과 길동은 같은 곳에서 동시에 꿈을 꾸었지만 갑순은 길동이 꾼 꿈을 모르며, 길동 또한 갑순이 꾼 꿈을 알지 못한다.

꿈은 마음이 지어내는 경계이기 때문에 환상과 같은 것이며, 환상 속에서 보는 것은 환상의 경계를 벗어나지 못하기 때문이다.

이것은 비단 자면서 꾸는 꿈에만 국한된 것이 아니다.
그대가 눈을 뜨고서 경험하고 있는 '생시生時'라는 것도 꿈과 다를 바가 없다.

그대가 알고 있는 그대 자신과 세계는 단지 그대의 생각과 개념일 뿐이다.

그래서 그대는 다른 사람과 다른 사람의 세계를 결코 알지 못한다.

그대는 그대 자신의 생각과 개념 속에 갇혀 있기 때문에
그대가 알고 있는, 환상과도 같은 세계를 결코 넘어서지 못한다.
마치 그대가 다른 사람이 어젯밤에 꾼 꿈을 알지 못하는 것처럼.

어떤 부부가 오십 년을 함께 살았다고 해도
각자 자기 생각을 넘어서지 못하면 각기 서로 다른 세계에 살고 있
는 것이다.

사람들은 겉으로 보기엔 하나의 공통된 세계에 살고 있는 것처럼
보인다.
그러나 사실은 자기 생각 속의 각기 다른 세계에 살고 있는 것이다.

오직 생각을 넘어선 사람들만이 하나의 세계를 공유할 수 있게 된다.

자기에게로 돌아오라

까맣게 모르고 있었던 자기를 문득 돌이켜보아
다시 되살려 내는 것이 깨달음이다.

깨닫고 보면, 깨닫기 이전에도
자기가 없었던 것이 아님을 알게 된다.

다시 말하면 깨닫기 이전이나 깨달은 이후나
변함없이 같은 자기라는 것이다.

언제나 똑같은 자기가
보고 듣고 말하고 행동하고 있었으나
그대는 그동안 스스로 생각으로 만들어낸 자아상에 집착해
진짜 자기를 잊어버렸다.
이것이 무지無知요, 무명無明이다.

따라서 깨달음은 얻을 것이 없다.
자기가 본래 자기에게로 돌아오는 것이 깨달음인데
얻을 것이 무엇이 있겠는가?
만일 그대가 스스로를 깨닫게 된다면

얻을 것은 없고
다만 잃어버리는 것만 있다는 것을 알게 된다.

무엇을 잃어버리는가?

스스로 만들어낸 거짓된 자아상을 잃어버리게 된다.
거꾸로 뒤집힌 헛된 생각에서 놓여나게 된다.

그래서 그동안 꾸고 있던 악몽에서 깨어나게 되며
모든 고통에서 벗어나게 된다.

자기가 본래의 자기에게로 되돌아오는 것이 깨달음이다.

그대가 전도몽상에서 깨어나
진정한 자기에게로 돌아오게 되면
존재하는 모든 것이 자기임을 알게 된다.

또 하나의 중독

어쩌다 지하철을 타게 되면
남녀노소 없이
탑승객들 거의 모두가 이어폰을 귀에 꽂고
스마트폰 액정화면을 골똘히 보고 있는 장면을
목격하게 된다.

무엇을 하고 있나 살펴보면
모바일 게임을 하고 있든지
아니면 음악을 듣거나
SNS를 하든지
그도 아니면 모바일 서핑을 하고 있다.

사람들이 어떻게 이렇게 획일적으로
시류時流를 따라갈 수 있을까?
정말 놀라운 일이다.

인터넷과 모바일의 발달로 사람들은 언제 어디서나
자신이 원하는 정보에 접속할 수 있고
또 누구와도 소통할 수 있게 됐다.

그러나 원하는 정보에의 접근이 용이해지고
사람과의 소통이 쉬워질수록
이에 반비례해서
자신을 돌아볼 기회는 더욱 적어지게 된다.

다시 말하면 대상을 좇아갈수록
진정한 자기가 무엇인지를 깨달을 수 있는 기회가 적어진다는 것이다.
그래서 눈을 뜨고 꾸는 꿈에서
깨어나기가 더욱 힘들어진다.

에고는 생각과 호기심을 먹고 산다.

스마트폰은 언제 어디서나
에고가 원하는 호기심을 충족시켜주기 때문에
에고의 충실한 동반자가 될 수밖에 없다.
현대문명의 첨단 이기로 꼽히는 스마트폰에의 집착은
결국 생각으로 이루어지는 가상현실에 더욱 빠져 들게 만들기 때문에
또 하나의 심각한 중독현상이 아닐 수 없다.

그대가 정녕 깨닫기를 원한다면
출퇴근 시간에 버스나 지하철을 탈 때
스마트폰은 호주머니나 가방에 넣어두고

가만히 앉아서

비판이나 해석 없이

그저 스쳐가는 생각들을 지켜보라.

참으로 신비롭지 않은가

참나를 알게 됨으로써
비로소 참나가 된다.

따라서 깨달은 후의 삶이란
진짜 자기가 무엇인지 알게 됨으로써
진짜 자기로 살아가는 것이다.

그렇다고 해서 참나가 무엇인지 몰랐을 때는
그대가 참나가 아니었다는 뜻은 아니다.

자신이 참나임을 몰랐을 때도
그대는 분명 참나이지만
거짓 자아를 자기로 오인함으로써
망상 속에 살아가는 것이 중생이다.

자기를 바로 알면 부처요
잘못 알면 중생이다.

자기를 바로 알아야만

그대는 비로소 참나가 된다.

참나가 된다는 것은
생각과 감정 그리고 감각, 체험과 동일시되지 않고
본래 자기가 순수한 알아차림임을 자각하는 것이다.

삶은 한 사람의 배우가
여러 배역을 연기하는 모노드라마와도 같다.

수많은 사람들이
삶의 무대에서 다양한 가면들을 바꿔 쓰면서
갖가지 배역을 연기하는 것처럼 보이지만
진짜 배우는 단지 참나 하나일 뿐이다.

알고 보면
삶이란 참 신비롭지 않은가?

세상의 빛이 되라

어떻게 되었든 이 공부에서는 먼저 깨어난 사람만이 다른 사람을 깨어나게 할 수 있다.

꿈속에 있는 사람은 자신이 꿈을 꾸고 있다는 사실조차 모르지만, 꿈에서 깨어난 사람에게는 꿈속에 있는 사람들이 훤히 보이기 때문이다.

물론 혼자서도 깨어날 수도 있지만, 이 같은 경우는 드물 뿐만 아니라 바른 견해를 갖지 못하면 또 다시 망상 속을 헤매게 된다. 따라서 이 공부는 일별의 체험이 중요한 것이 아니라, 자기 자신의 본질에 대한 명확한 앎이 무엇보다도 중요하다. 정각正覺을 이루었다는 것은 자기가 진짜 무엇인지 정확하게 알았다는 것일 뿐이다.

2년 남짓한 시간 동안 진여문을 통해 많은 사람들이 깨어났다. 그러나 이전과는 달리 이 공부도 오랜 시간 동안 스승과 제자가 함께 하는 도제식의 공부가 아니라 인터넷이나 책을 보고 찾아와서 짧은 기간에 너무나 쉽게 일별을 하다 보니 이에 따른 폐단 또한 크다는 것을 알게 되었다.

그동안 일별한 사람들은 대개 두 종류가 있음을 보게 된다.

한 부류의 사람들은 짧게는 몇 년, 길게는 몇 십 년 동안 수많은 서적과 영성단체를 섭렵하면서 똥 마려운 강아지처럼 안달하면서 깨달음에 목말라하다가 어떤 인연으로 찾아와서 일별만 하게 되면 소리 소문 없이 자취를 감춘다. 고맙다는 인사는커녕 간다는 인사조차 없다.

인연 따라 왔으니 인연 따라 가는 것 또한 무슨 상관이겠는가? 그렇지만 문제는 거기서 끝나는 것이 아니다. 그들은 자기도 깨달았다고 생각하겠지만, 그 또한 자신의 생각일 뿐임을 모른다. 여전히 생각 속에서 모든 것을 분별하고 그것을 진실이라고 여긴다. 이제 잠시 본성의 맛을 보았을 뿐인데도 그것으로 공부가 끝났다고 착각하고 있는 것이다. 그들은 한동안 생각이 줄어들고 번뇌에서 해방된 것처럼 느끼지만, 시간이 흐르면서 다시 생각과의 동일시에 빠지게 되면서 여전히 번뇌 속에 있음을 알게 된다.

또 한 부류의 사람들은 일별 이후에도 스스로 이 공부가 너무나 즐겁고 또 도반들과의 소통하는 시간들이 좋아서 지속적으로 카페활동과 법회에 자발적으로 참여하는 이들이다. 이들은 일어나는 의문들에 대해 스스럼없이 질문하는 한편 자신의 살림살이를 드러내기를 주저하지 않는다. 이를 통해 이들은 빠른 시일 내에 정견이 생김과 동시에 본성에 안착하고 따라서 번뇌에서 해방되는 것을 본다.

진여문에서도 이제 이런 도반들이 점점 늘어나서 이제는 하나의 중심축을 형성하고 있다. 이들의 특징은 자기 혼자만의 해탈에서 만족하지 않는다는 것이다. 아직 깨어나지 못한 도반들에 대한 자비심이 충만해서 자진해서 깨우쳐주려고 노력하는 것을 보게 된다. 제대로 깨친 사람들은 반드시 이들과 같은 길을 걷게 되어있다.

깨달음은 어떤 특정한 개인이 얻을 수 있는 것이 아니기 때문이다.
하나의 의식이 개인이라는 꿈에서 깨어나는 것이 깨달음이다. 따라서 깨달음의 길은 혼자서 갈 수 없는 길이다. 모든 이들이 함께 가야만 하는 길인 것이다.

기성 종교의 시대는 이제 저물고 있다.
기성종교의 낡은 형식과 관념은 더 이상 이 시대 사람들의 높아진 의식수준을 충족시키지 못하고 있다.

의식이 진정으로 깨어나기 시작하는 이 시대에 정견을 갖춘 진여문의 도반들은 세상을 밝히는 빛이 될 것이다.

길 없는 길

21세기에 들어서면서 인터넷과 모바일 등 통신수단의 발달로 마음공부도 새로운 전기를 맞고 있다. 관심 있는 사람은 누구나 컴퓨터를 켜고 인터넷에 접속하기만 하면 마음공부와 관련한 정보와 동영상을 실시간으로 검색하고 접할 수 있는 시대가 되었기 때문이다.

이 같은 접근의 편의성이 한편으로는 마음공부에 대한 저변을 확대하는 효과는 있지만 다른 한편으로는 오히려 독이 될 수도 있다.

클릭만 하면 마음공부에 대한 정보에 쉽게 접근할 수는 있지만, 인터넷을 통해 하는 공부 또한 실질적으로 접하게 되는 것은 말과 개념일 뿐이다. 따라서 인터넷을 통한 공부 또한 책을 통해 하는 공부와 크게 다르지가 않다.

알다시피 이 공부는 여느 알음알이 공부와 달리 개념과 지식을 쌓아가는 공부가 아니다. 개념과 지식 이전의 원초적인 본래면목을 발견하고 확인한 뒤 본성의 관점에서 삶을 살아가는 공부다.

본래면목을 발견하기 위해서는 생각의 이원적인 구조가 한 번은 깨어져야만 하는데, 혼자서 인터넷을 통한 공부로서는 결코 쉽지가 않다는 것이다. 그리고 비록 생각이 끊어져서 본성체험을 했다 하더라도 많은 경우 그것 무엇인지 모른 채 지나치고 만다. 그럴 경우 본성체험은 아무런 효과를 발휘하지 못한다.

비록 일별 후 본성자리를 알았다 하더라도 생각은 계속해서 일어나기 때문에 또 다시 생각과 동일시되어 에고의 관점에서 자신의 체험을 해석해서 소유하려 한다. 이 같은 과정은 무의식적으로 일어나기 때문에 혼자서는 알아차리기가 대단히 어렵다.

모든 생각과 행위를 조절하고 통제하려는 '나我'라고 하는 생각의 중심점이 해소되지 못하면 이 공부는 결코 끝마칠 수 없다. '나'라고 하는 생각의 중심점은 그동안 쌓아온, 생각에 의지하는 습관에서 기인한다.

이 습관은 무의식에 뿌리내리고 있기 때문에 쉽게 알아차리기가 힘들 뿐만 아니라 나아가 그것이 해소되는 데는 시일이 걸릴 수밖에 없다. 더군다나 자신도 모르게 생각과 동일시되기 때문에 이 과정을 혼자서 마치기는 어렵다.

그러므로 이 과정에서 접하는 개념이나 정보는 자기도 모르게 생각에 빨려들게 하기 때문에 오히려 장애가 된다. 정말로 필요한 것은 직접적인 대화를 통해 생각과의 동일시에서 빠져나오게 해주는 선지식과 도반들이다.

마음공부에서 정말로 필요한 것은 정보가 아니다. 마음공부와 관련한 정보는 이미 출간된 수많은 영성서적들과 인터넷에 넘쳐나고 있기 때문이다. 오히려 너무 과도한 정보들을 접할 경우 아직 안목이 열리지 않은 사람에게는 혼란스러울 뿐만 아니라, 그릇된 정보가 고정관념으로 굳어져 오히려 본성을 보지 못하게 가리는 걸림돌이 된다.

동·서양을 막론하고 옛날부터 이 공부의 핵심은 아무에게나 함부로 공개하지 않았다. 에고가 채 해소되지 않은 상태에서 이 공부를 잘못할 경우 자칫 샛길로 빠져서 혹세무민할 가능성이 농후했기 때문이다. 그래서 반드시 입문의 절차를 거친 사람에 한해서 맨투맨 방식으로 비밀리에 전수되어 왔던 것이다.

그러므로 이 공부에서 정말로 필요한 것은 그 수많은 정보들 가운데 옥석을 가려서 정확하게 본성을 가리켜 보여줄 수 있는 선지식이다. 올바른 선지식을 만나면 오랫동안 고생하지 않으면서도 공부를 마칠 수 있겠지만, 그렇지 못할 경우 오랜 세월을 보내고서도 목적지에 도달하지 못하기 때문이다.

물을 찾는 물고기

바닷속을
이리저리 헤엄치면서
물을 찾고 있는
목마른 물고기 한 마리가
혼자서 중얼거린다.

"아이, 목말라.
도대체 물은 어디에 있는 건가요?
어디로 가야만 물을 찾을 수 있나요?
목마름을 참을 수 없어요.
바다로 가는 길을 알려 주세요!"

파도에 묻어오는
낮은 목소리

"네가 목마른 줄 알고 있다.
그래도 오너라.
이것이 네가 가야만 할 길이다."

물고기가 묻는다.
"어디가 길인지 알아야 가죠.
이젠 저도 지쳤어요!
무작정 헤매게 하지 말고
제가 가야 할 길을 좀 알려주세요."

목소리가 대답한다.
"정해진 길은 없단다.
다만 침묵 속으로 가라앉아라.
그러면 바다를 발견할 것이다."

물고기가 다시 묻는다.
"마음속의 생각들과
보이지 않는 파도소리가
끊임없이 들리고 있어요.
그 소리를 멈추게 할 방법을 몰라요.
어떻게 침묵 속에 잠길 수 있나요?"

목소리가 대답한다.
"묻고 있는 그것이 무언지 보렴.
'어떻게?'가 사라지면
지금 네가 있는 곳이
그리고 너 또한 바다임을 알게 된단다."

파리에서 온 손님

방문자: 어려서부터 막연하게 지금 내가 아닌 더 큰 '나'가 있다는 느낌이 들었습니다. 그래서 그것이 무엇인지 알고 싶었던 것이 공부의 시작이었습니다. 틈틈이 오쇼와 호킨스 박사의 책 등 영성서적들을 많이 읽었습니다. 참나가 이런 것이 아닐까 하는 추측은 들었지만, 막상 '이것이다!'라는 확신은 없었습니다. 솔직히 말하면 알 수가 없었습니다.

그래서 2년 전에 한국에 왔을 때, 모 단체에서 집중수련을 받기도 했지만 거기서 요구하는 것이 좀 이상하다는 생각이 들어서 그만두었습니다.

벽　공: 그랬군요. 그런데 저는 어떻게 알게 되었나요?

방문자: 전에 제가 마음공부를 하던 블로그에서 벽공 선생님은 확실히 깨친 사람이라고 알려주면서 진여문 카페를 소개해주었습니다. 마침 부모님이 계신 고향이 부산이고 해서 이렇게 찾아뵙게 되었습니다.

벽　공: 잘 왔습니다. 멀리서 오셨으니 참나가 뭔지 확인하고 가세요. 그건 어렵지 않아요. 지금부터 제가 하는 말을 잘 듣고 그것이 무엇인지 알아차리세요. 당신은 지금 참나가 무엇이라고 어렴풋이나마 알고 있나요?

방문자: 저는 어려서부터 성당에 다녔습니다. 그러다 파리에서 서양 중세철학을 공부하면서 어느 순간 하나님은 제 안에 있다는 깨침이 있었습니다. 그래서 지금은 참나와 하나님은 다르지 않다고 느끼고 있습니다.

벽 공: 네, 그렇습니다. '하나뿐인 나'가 '참나'이며, 그것이 '하나뿐인 님'인 '하나님'입니다. 그것은 같은 것을 가리키는 다른 이름일 뿐입니다.
당신 안에 참나가 있으며, 참나 안에 또한 당신이 있습니다. 자, 지금부터 그것이 무엇인지 찾아봅시다!

대화를 진행하면서 그녀의 반응을 유심히 살펴보니 실상에 이해가 상당히 진전되어 있었다. 어렴풋이 주변을 맴돌고 있으면서도 정확하게 초점을 맞추지 못하고 있다고나 할까.

벽 공: 탁! (죽비를 치며) 이 소리를 누가 듣습니까?

방문자: ……. 모르겠습니다.

벽 공: 모르는 것이 정답입니다. 이 소리를 듣는 사람은 없습니다. '내가 소리를 듣는다'는 것은 생각입니다. 생각 없이도 소리에 대

한 알아차림은 있지 않나요?

방문자: 그건 그렇지요. 언제나 있지요.

벽　공: 생각 없이도 소리를 알아차리는 그것은 무엇일까요?

　30분 정도 대화가 진행되었을까. 의외로 그녀가 쉽게 핵심에 다가가는 것이 보였다.

방문자: 그러니까 내 안에만 참나가 있는 것이 아니라 참나 속에 내가 있군요. 참나란 '나'의 범위가 무한히 확장되는 것이군요. 말하자면 전체성 같은……

벽　공: 이제야 소식이 왔군요.

방문자: 저도 전에 어렴풋이 그렇지 않을까 생각했었는데……. 이제야 분명해지는군요. 그리고 선생님이 죽비를 치실 때, 알아차림이 몸 안에 있는 것이 아니라 몸 바깥에 있다는 느낌이 강하게 받았습니다.

벽　공: 그렇습니다. 참나는 어떤 경계도 없습니다. 모든 경계와 구분은 생각이 지어내는 것입니다. 생각 없이도 이 소리를 알아차리는 이 자리에 어떤 구분이나 경계가 있나요?

방문자: 없습니다. 어떻게 보면 이렇게 쉽고도 단순한 것을 왜 사람들은 그렇게 어렵게 찾고 있을까요?

벽 공: 생각에 중독되어 있기 때문입니다. 그리고 눈이 눈을 보지 못하듯 자기 자신이기 때문에 모르는 것입니다. 그리고 제대로 가리켜주는 사람도 없고요.

그리고 10여 분간 말없이 앉아있던 그녀는 고개를 끄덕이며 말했다.

방문자: 전에는 책을 읽어도 소화되지 않던 부분들이 이해가 되는군요. '깨달을 사람이 없다.'는 말도 이제 이해가 됩니다. 왜 그런 말을 하는지.

벽 공: 언제 파리로 돌아갑니까?

방문자: 일주일 후에요. 파리도 돌아가서는 박사과정을 그만둘 생각입니다. 이제 더 알아야 할 것이 없어졌습니다.

벽 공: 나쁘지 않은 생각이군요. 이제 모든 앎의 끝을 알았는데 철학은 공부해서 무엇 하겠습니까? 앞으로 어떻게 살 건가요?

방문자: 방콕으로 갈 생각입니다. 그리고 살아지는 대로 살겠습니다.

벽 공: 좋습니다. 살아가는 '나'는 없습니다. 그것만 명심하면 어떻게 살아지더라도 삶은 즐거운 것입니다.